BEI GRIN MACHT SICH IHR WISSEN BEZAHLT

- Wir veröffentlichen Ihre Hausarbeit, Bachelor- und Masterarbeit
- Ihr eigenes eBook und Buch - weltweit in allen wichtigen Shops
- Verdienen Sie an jedem Verkauf

Jetzt bei www.GRIN.com hochladen und kostenlos publizieren

Michaela Baierl

Biografiearbeit in der Schule

Eine Methode zur Förderung der Identitätsentwicklung bei Kindern

GRIN Verlag

Bibliografische Information der Deutschen Nationalbibliothek:

Die Deutsche Bibliothek verzeichnet diese Publikation in der Deutschen Nationalbibliografie; detaillierte bibliografische Daten sind im Internet über http://dnb.d-nb.de/ abrufbar.

Dieses Werk sowie alle darin enthaltenen einzelnen Beiträge und Abbildungen sind urheberrechtlich geschützt. Jede Verwertung, die nicht ausdrücklich vom Urheberrechtsschutz zugelassen ist, bedarf der vorherigen Zustimmung des Verlages. Das gilt insbesondere für Vervielfältigungen, Bearbeitungen, Übersetzungen, Mikroverfilmungen, Auswertungen durch Datenbanken und für die Einspeicherung und Verarbeitung in elektronische Systeme. Alle Rechte, auch die des auszugsweisen Nachdrucks, der fotomechanischen Wiedergabe (einschließlich Mikrokopie) sowie der Auswertung durch Datenbanken oder ähnliche Einrichtungen, vorbehalten.

Impressum:

Copyright © 2007 GRIN Verlag GmbH
Druck und Bindung: Books on Demand GmbH, Norderstedt Germany
ISBN: 978-3-640-41229-7

Dieses Buch bei GRIN:

http://www.grin.com/de/e-book/134504/biografiearbeit-in-der-schule

GRIN - Your knowledge has value

Der GRIN Verlag publiziert seit 1998 wissenschaftliche Arbeiten von Studenten, Hochschullehrern und anderen Akademikern als eBook und gedrucktes Buch. Die Verlagswebsite www.grin.com ist die ideale Plattform zur Veröffentlichung von Hausarbeiten, Abschlussarbeiten, wissenschaftlichen Aufsätzen, Dissertationen und Fachbüchern.

Besuchen Sie uns im Internet:

http://www.grin.com/

http://www.facebook.com/grincom

http://www.twitter.com/grin_com

Biografiearbeit in der Schule

Eine Methode zur Förderung der Identitätsentwicklung bei Kindern

Michaela Susanne Baierl

1. Einleitung..3

2. **Was ist Biografiearbeit**..5
   2.1. An wen richtet sich Biografiearbeit?..5
   2.2. Das Konzept der Biografiearbeit und die Identitätsentwicklung..........7
   2.3. Biografiearbeit in der Praxis der Sozialen Arbeit..........................10
   2.4. Methodik der Biografiearbeit mit Gruppen...................................23
   2.5. Evaluation der Biografiearbeit...33

3. **Jugendsozialarbeit an Schulen und Biografiearbeit**..................36
   3.1. Zielsetzung der Jugendsozialarbeit an Schulen........................... 36
   3.2. Der Einsatz von Biografiearbeit an Schulen................................ 37

4. **Projekt: Die Entwicklung eines Curriculums „Biografiearbeit"**..................39
   4.1. Rahmenbedingungen für die Durchführung des Projekts.......................39
   4.2. Zusammensetzung der Schülerinnengruppe.............................40
   4.3. Zielsetzung für das Curriculum..42
   4.4. Methodik, Inhalt und Durchführung..44
   4.5. Ergebnisse...58

5. **Ausblick**..63

6. **Anhang**..66

7. **Literaturverzeichnis**...81

1. Einleitung

Autobiografisches Erzählen hat in der psychosozialen Praxis in den letzten Jahren eine steigende Aufmerksamkeit erfahren und Methoden der Biografiearbeit werden in verschiedenen Arbeitsfeldern genutzt. In dieser Arbeit sollen die Möglichkeiten von Methoden der Biografiearbeit im Bereich der Schulsozialarbeit aufgezeigt werden. Konkret wird ein Curriculum vorgestellt, dass für Schülerinnen entwickelt wurde und mit einer Schulklasse erfolgreich durchgeführt wurde.

Im ersten Teil werden die Ziele, Aufgaben und konkreten Umsetzungsformen von Biografiearbeit, sowie Möglichkeiten der Evaluation dargestellt. Biografiearbeit kann sowohl im Kontext als Einzelfallhilfe, als auch präventiv in einer Gruppenarbeit durchgeführt werden.

Das Bedürfnis des Erinnerns und Erzählens wurde in den vergangenen Jahren, nicht zuletzt aufgrund der neuen Unübersichtlichkeit in unserer Gesellschaft, wieder wichtiger, vor allem auch für Jugendliche, die zur gesunden Identitätsentwicklung ein Gefühl der Kohärenz brauchen. Grundlegend für hoffnungsvolle Zukunfts- und Berufschancen und ein positives Identitätsgefühl Jugendlicher ist, neben dem familiären Umfeld, auch die Schule. Aufgrund der wachsenden Anforderungen der Gesellschaft an die Heranwachsenden und ihre Familien, haben sowohl das Schulsystem, als auch die Soziale Arbeit auf die Veränderungen reagiert und verschiedene Wege gewählt, den dadurch entstandenen Problemen entgegenzuwirken.

Im zweiten Teil wird die Jugendsozialarbeit mit ihren Zielsetzungen als eine Leistung der Jugendhilfe beschrieben. Dabei wird das Einsetzen der Methode Biografiearbeit im Rahmen der Jugendsozialarbeit an Schulen erläutert. Als ein Beispiel hierfür wird im nächsten Kapitel ein Curriculum vorgestellt, welches in der Praxis bereits erfolgreich umgesetzt wurde.

Im dritten Teil wird zunächst ein Überblick über die Rahmenbedingungen zur Durchführung, die Teilnehmergruppe und die Zielsetzungen des Projektes gegeben. Die praktische Umsetzung mit allen angewandten Methoden und Inhalten wird dargestellt und in einem Fazit bewertet.

Unter welchen Bedingungen Biografiearbeit im Rahmen einer Regelschule erfolgreich und im Sinne ihrer Zielsetzungen gewinnbringend umgesetzt werden kann, wird abschließend diskutiert.

> „Wir müssen dem Kind helfen, dass es seine Situation selbst auch ganz begreift, das Vergangene, das Gegenwärtige und das Mögliche in der Zukunft. [...] Da muss jemand sein, der aufarbeiten hilft."
> Andreas Mehringer (1911-2004).

2. Was ist Biografiearbeit?

Das Aufarbeiten der eigenen Lebensgeschichte ist in der sozialpädagogischen Arbeit mit Menschen zu einem wichtigen Thema mit zahlreichen Anwendungsgebieten geworden. Es wird mit Menschen aller Altersgruppen ganz bewusst an ihrer Biografie gearbeitet mit dem Ziel vergessene Erlebnisse zurückzuerinnern.

Seit über 10 Jahren wird Biografiearbeit als Methode verstärkt in der Arbeit mit Kindern durchgeführt. Hervorzuheben ist, dass Biografiearbeit keine Therapieform und auch keine eigene Disziplin, sie ist vielmehr „eine strukturierte methodische Anleitung, Kindern bei ihrer Vergangenheitsbewältigung zu helfen"(Lattschar, 1996 in Ryan, Walker, 2003, S.8).

2.1 An wen richtet sich Biografiearbeit?

Vor allem im Pflegekinderwesen ist diese Methode bisher erfolgreich zum Einsatz gekommen. Diejenigen Kinder, welche aus den verschiedensten Gründen, wie zum Beispiel einer Kindeswohlgefährdung, nicht bei ihren leiblichen Eltern aufwachsen können, haben häufig das Bedürfnis danach zu erfahren, warum dies so ist und warum es bei ihnen anders ist als bei „normalen" Kindern. Ihnen bleiben Informationen verwehrt, wie zum Beispiel, warum sie geboren wurden oder wie die ersten Tage für das Kind und seine Eltern waren. Oft haben diese Kinder auch keine Babyfotos von sich selbst und ihnen fehlt dieser Teil der eigenen Vergangenheit. Pflege-, Heim- oder Adoptivkinder also kommen als Adressaten der Biografiearbeit in Betracht. Diese Methode ermöglicht es ihnen ihre Biografie zu ordnen, dafür ein Verständnis zu entwickeln, einen Platz in der neuen Familie zu finden und diese als die eigene Familie anzunehmen.

Aber nicht nur die Vollzeitpflege kann Anlass für eine Biografiearbeit geben. Jedes Kind durchläuft in seinem Leben zahlreiche, so genannte kritische Lebensereignisse, welche manche Kinder einfacher meistern und die anderen schwerer belasten. Zu diesen zählen Ereignisse, welche die meisten Kinder betreffen, wie beispielsweise die Geburt eines neuen Geschwisters, der Eintritt in Kindergarten und Grundschule, sowie später der Übertritt in weiterführende Schulen und danach ins Berufsleben. Selbst ein Schuleintritt bedeutet für die meisten Kinder ein normatives kritisches Lebensereignis; diese Überbrückungsphase ist von Kind zu Kind ganz unterschiedlich und kann im Einzelfall jahrelang Schwierigkeiten mit sich bringen.

Neben den regulären Veränderungen im Leben eines Kindes gibt es dann noch die unvorhersehbaren, kritischen Lebensereignisse, wie zum Beispiel die Trennung oder Scheidung der Eltern, welche in unserer Gesellschaft über die vergangenen Jahre immer mehr ins Blickfeld der Kinder- und Jugendhilfe gerückt sind. Auch als Trauerarbeit kann Biografiearbeit nützlich werden, um das Kind dabei zu begleiten, den Tod eines engen Familienangehörigen, eines Geschwisters oder gar eines Elternteils zu akzeptieren und zu verarbeiten.

Ein Umzug kann Anlass für den Beginn einer Biografiearbeit mit Kindern oder Jugendlichen sein, wenn ein Kind seine Freunde und vielleicht auch noch einige wichtige Bezugspersonen, wie die Nachbarn oder Verwandte, verliert. Es kommt vor, dass Kinder mit Bindungs- und Trennungsängsten zu kämpfen haben und sie einen Rahmen brauchen können, in dem sie mit diesen Konflikten besser umgehen können, auch hier bietet sich diese Methode an (vgl. Ryan; Walker, 2003).

Biografiearbeit kann zudem in der Migrationsarbeit eingesetzt werden. Ein jeder kennt „fremdartige Situationen", welche man oft erlebt, wenn man im Urlaub auf kulturspezifische Eigenheiten trifft, die man bisher nicht kannte. Kinder aus anderen Kulturkreisen haben einige Zeit mit der Umstellung zu kämpfen, sich in einem fremden Land unter fremden Menschen mit oft ganz unbekannten und unverständlichen Sitten zu befinden. Es kann auch vorkommen, dass sie in der Schule oder Berufsausbildung mit Fremdenfeindlichkeiten zu kämpfen haben oder wegen ihrer „Andersartigkeit" von Gleichaltrigen ausgeschlossen werden. Für diese Kinder ist es wichtig über ihre Biografie Bescheid zu wissen, Antworten zu finden auf Fragen wie „wer bin ich?" und „woher komme ich?". Sie müssen einerseits für sich selbst mit ihrer Lebensgeschichte und ihrer Herkunft im Reinen sein und andererseits ist es für sie von Vorteil, sich gegenüber anderen „selbst erklären" zu können. Eine Aufzeichnung der Lebensgeschichte kann diesen Kindern, die oft auch sprachliche Schwierigkeiten haben, eine nützliche Grundlage sein, um den Fragenden ihren Weg erklären, sich selbst in die Gesellschaft einordnen und sich in einem neuen Land wieder zu Hause fühlen zu können.

Grundsätzlich kann man sagen, dass die Biografiearbeit einen Teil zur Identitätsklärung eines jeden Kindes und Jugendlichen beisteuern kann, was für seine lebenslange Entwicklung immer von Bedeutung sein wird (vgl. Wiemann, 2006).

2.2 Das Konzept der Biografiearbeit und die Identitätsentwicklung

Damit eine Identität entwickelt werden kann, muss der Einzelne wie manch anderer sein und zugleich in seiner Persönlichkeit wie niemand anderes sein, wobei er einen Platz unter ihnen erhält, den nur er als einzigartiges Individuum einnehmen kann (vgl. Kast, 2003).

Jugendliche sind meist noch weit entfernt von einer gefestigten Identität und gerade das ist es, was sie für ihre Lebensgeschichte so sensibel macht. Die Bewusstheit über das eigene „ICH" ist gerade dann am Größten, wenn Menschen dabei sind, sich selbst zu entdecken. Jugendliche erkennen oft voller Bewunderung, was alles in ihnen steckt und welche Möglichkeiten ihnen offen stehen. Sie machen Bekanntschaft mit dem eigenen Spiegelbild, indem sie zunehmend erfahren, wie sie in der Gesellschaft anderer Menschen auf diese wirken. Die Schule bietet fast täglich Raum für Rückmeldung, sei es leistungs- oder persönlichkeitsbezogen. Es ist eine Zeit zwischen Kindheit und Reife und sowohl mit Erfolgserlebnissen, als auch mit Enttäuschungen und Rückschlägen versehen. Kinder setzen sich Ziele und machen Grenzerfahrungen. Wenn das Kind in dieser psychosozialen Phase Erfolg sieht und dafür Anerkennung bekommt, dann wird dies sein Selbstwertgefühl aufwerten und die Identitätsentwicklung positiv beeinflussen.

Aber es gibt unterschiedliche Grundlagen, die eine Identität sichtbar werden lassen, und diese werden im Folgenden erläutert (vgl. Kast, 2003).

Bei der Frage nach dem eigenen „ICH" ist es wahrscheinlich am naheliegendsten, sich erst einmal auf das Körperliche zu berufen. Vor allem bei Jugendlichen spielt dieser Aspekt eine große Rolle, da sie sich in der Pubertät mit Veränderungen des Körpers auseinandersetzen müssen, die ohne Zweifel Auswirkungen auf das Selbstverständnis haben. Äußerliche Merkmale beeinflussen die Reaktionen der Umwelt als Erstes und erschweren die Bildung eines guten Selbstwertgefühles enorm, wenn sie nicht dem gängigen Schönheitsideal entsprechen (vgl. Kast, 2003).

Doch ist der Körper trotzdem und vor allem bei Unzufriedenheit mit dem Aussehen, nicht das einzige Spektrum, in dem sich Identität zeigt. Kinder und Jugendliche definieren sich ab dem Schulalter zunehmend über ihre Arbeits- und Leistungsfähigkeit. Eine weitere Säule der Identitätsentwicklung bilden die Interaktionen des sozialen Umfeldes. Jugendliche beginnen nach Autonomie zu streben, sind aber gleichzeitig sehr stark auf sichere Bindungen und Beziehungen angewiesen (vgl. Affeldt, 1991). Zudem haben alle Menschen im Laufe ihres Lebens, bewusst oder unbewusst, auch immer „Identitäts-Modelle", an denen sie sich orientieren und von denen sie Eigenschaften, Verhaltensweisen, Beziehungsmuster usw. kopieren, um diese mit der Zeit in die eigene Identität zu integrieren (vgl. Kast, 2003).

Ähnlich verhält es sich mit Werthaltungen. „Werte zu verwirklichen, die wir als verpflichtend für unser Leben verstehen, gibt uns das Gefühl, ein wertvolles Leben zu führen, es gibt uns ein gutes Selbstwertgefühl" (Kast, 2003).

Wichtig für eine gesunde Identitätsentwicklung ist eine sichere Bindungsrepräsentation der Kinder. Dies zeigt eine Studie, nach welcher diejenigen Jugendlichen ein positiveres Selbstwertgefühl an den Tag legten, die als „sicher gebunden" galten, als die Jugendlichen mit einer unsicheren Bindungsrepräsentation (vgl. Kast, 2003). Zugleich stellte man auch fest, dass eine sichere Bindungsrepräsentation mit einer geklärten Identität zusammenhängt.

Eine klare Identität und somit eine sichere Bindungsrepräsentation ist im Schulalter wichtig für Kinder, da große Schwierigkeiten den schulischen Erfolg erheblich behindern können. Sicher gebundene Kinder erkunden ihre Umwelt ausgiebiger und werden von Interesse und Neugier angetrieben, während unsicher gebundene Kinder eher vorsichtig sind. Die Bindungsbeziehungen etablieren sich im frühen Kindesalter, weisen allerdings eine große Stabilität im Lebenslauf auf (vgl. Maywald, 2004). Für das Schulalter ist dies von großer Bedeutung, da - wie bereits erwähnt - das Arbeitsverhalten im Mittelpunkt steht und durch eine sichere Bindung positiv beeinflusst wird. Zur Identitätsentwicklung gehören auch funktionierende soziale Netze. Jugendliche kapseln sich in dieser Zeit zunehmend von den Eltern ab und bauen in ihrem Freundeskreis neue Beziehungen und Bindungen auf. Diese werden allerdings auch auf der Grundlage der erlernten Beziehungs- und Bindungsfähigkeit aus dem Kindesalter entstehen. Bildet sich ein Identitätsgefühl, dann führt dies zu einem inneren Wohlbefinden für die Person. Ein positiver Nebeneffekt ist die Sicherheit darüber, auf dem richtigen Lebensweg zu sein und eine innere Gewissheit zu haben, dass man richtig handelt. Weiterführende Informationen zur Entstehung sicherer und unsicherer Bindungsrepräsentationen finden sich u.a. bei Manfred Endres und Susanne Hauser (2002) und Klaus und Karin Grossmann (2004).

Gerade in Zeiten von Enttraditionalisierung und Individualisierung (vgl. Keupp 2004) scheint es in unserer Gesellschaft besonders für junge Menschen immer wichtiger zu werden, eine gewisse Orientierung zu finden. Es entsteht sowohl das Bedürfnis danach, sich selbst in die Gesellschaft einzuordnen, als auch danach eigene Erfahrungen in die Lebensgeschichte zu integrieren. Junge Menschen begeben sich auf die Suche nach der Anerkennung und der Erläuterung des eigenen „ICH", da dies im Jahre 2007 in unserer Gesellschaft nicht mehr selbstverständlich ist (vgl. Ruhe, 2007).

Dies begründet Biografiearbeit für alle Jugendlichen in unserer Gesellschaft, um ihnen dabei zu helfen, ihre Lebenszusammenhänge zu klären und eine gesunde und zufriedenstellende Persönlichkeit zu entwickeln. Kindern ist es durch die Biografiearbeit möglich, eine für sie oft verwirrende Situation auf strukturierte und somit leicht nachvollziehbare Art und Weise zu klären und sich einen Überblick über ihr eigenes Leben zu verschaffen. Nach Beendigung der Biografiearbeit haben sie die Möglichkeit, das Resultat als eine Art Nachschlagewerk für den eigenen Platz in einer sich immer mehr differenzierenden Welt zu benutzen. Somit ist Biografiearbeit auch immer einem lebenslangen Prozess unterworfen und für jeden Menschen, unabhängig von Alter, Bildungsstatus oder Herkunft, eine Möglichkeit zur Identitätsarbeit.

„Mein Tag wird gestern beginnen
und endete morgen."

Max Immerkehr

2.3 Biografiearbeit in der Praxis der Sozialen Arbeit

Biografiearbeit ist eine Methode aus dem psychosozialen Bereich der Sozialen Arbeit. Indem sie die Lebensgeschichte auf eine möglichst strukturierte Art und Weise konstruiert, hilft sie dem Kind bei der Verarbeitung von vergangenen Erlebnissen. Kinder und Jugendliche können Sinnzusammenhänge ihrer früheren und gegenwärtigen Situation erfahren und werden somit darin gefördert, sich selbst als ganzen und wertvollen Menschen zu erleben (vgl. Wiemann, 2007). Wie ein Kind seine Vergangenheit mit all ihren Ereignissen subjektiv sieht, wirkt sich entscheidend auf sein bestehendes Selbstbild und sein Selbstwertgefühl aus. Manchmal kommt es vor, dass die Vergangenheit für Kinder etwas verschwommen ist.

Es kann Familiengeheimnisse geben oder vielmehr Themen, welche nicht gerne ausgesprochen werden, weil sie zu schmerzhaft waren, wie beispielsweise Trennungen und Scheidungen oder der Tod eines Familienmitgliedes. Kinder leben allerdings täglich in der Familie und bekommen mit der Zeit eine Ahnung davon, dass etwas nicht in Ordnung ist, auch wenn ihnen die Schwierigkeiten verschwiegen wurden. Sie nehmen an, dass es sich um eine Dramatik handelt, wenn die eigenen Eltern nicht dazu in der Lage sind, es mit ihnen zu besprechen (vgl. Ryan; Walker, 2003).

Die vollständige emotionale und soziale Entfaltung der Kinder kann durch Familiengeheimnisse, durch die Unklarheit der eigenen Geschichte, beeinträchtigt werden. Es ist daher immer sehr hilfreich, die Eltern oder wichtige Bezugspersonen bei der Arbeit mit im Boot zu haben, welche über Teile der Vergangenheit des Kindes Bescheid wissen und weiterhelfen können, wenn man mit dem Kind auf Lücken in der Biografie stößt. Um eine klare Struktur in der Erinnerung zu schaffen, kann autobiographisches Erzählen benutzt werden:

Die meisten von uns erzählen gerne und die Menschheit ist schon immer an Geschichten verschiedenster Art interessiert, nahezu überall begegnet man ihnen. Eine Geschichte über sich selbst zu erzählen, gibt uns ein bewusstes und lebendiges Gefühl. Nur wir selbst sind in der Lage zu erzählen wie es wirklich war, weil wir schildern, wie wir es subjektiv erlebt haben. Der Klient muss jederzeit als Experte für sein eigenes Leben angesehen werden, er weiß am besten, wie er sich fühlte, welche Bedeutung bestimmte Erlebnisse für ihn hatten usw.. Gleichzeitig machen es autobiografische Erzählungen möglich, uns selbst von außen zu beobachten, indem wir hören, was wir über das Geschehnis sagen (vgl. Kast, 2003). Alte Geschichten können auf eine neue Art und Weise wiedergegeben werden und somit eine neue Bedeutung erhalten. Wenn Ereignisse im Nachhinein erzählt werden, dann verlieren sie oft die emotionale Intensität, mit der wir sie zuerst betrachtet haben. Eine Trennung oder ein Arbeitsverlust kann mit einer gewissen gefühlsmäßigen Distanz betrachtet werden, welche unmittelbar nach dem Ereignis aufgrund seiner unangenehmen Folgen nicht möglich war. Dadurch können wir negativ behaftete Erinnerungen neu und zu unserem Vorteil reproduzieren. Wir können alte Wut über uns selbst ablegen und sie mit Einsicht und Weisheit und darauffolgend mit all den glücklichen Momenten und den Errungenschaften im Leben ersetzen. Wenn man mit seiner Vergangenheit im Reinen ist, dann hat man auch wieder einen positiven und hoffnungsvollen Blick in Richtung Zukunft (vgl. Vopel, 2005).

Die gesamte Lebensgeschichte eines Menschen mit allen Einzelheiten wäre allerdings im Rahmen der Sozialen Arbeit zu ausschweifend. Biografiearbeit ist vor allem als eine emotionale Arbeit zu verstehen, die sich im Schwerpunkt nicht auf Daten und Fakten stützt, obwohl sie diese auch berücksichtigt, sondern auf emotionale und somit identitätsrelevante Erfahrungen. Für die Entwicklung einer Identität sind sie ausschlaggebend, wenn sie von der Person als emotional bedeutsam bewertet wurden und das Selbstwertgefühl berührt haben (vgl. Kast, 2003). Biografiearbeit umfasst sämtliche Lebensstadien eines Menschen und schafft Grundlagen dafür, deren Kontinuität und deren Sinn zu sehen.

Identität wird in ihren Grundzügen erfahren, indem wir das Wissen haben, dass wir uns ein Leben lang verändern und verschiedene Phasen durchleben, die vor allem im Jugendalter häufig ganz unterschiedlich sind, dass wir aber dennoch immer ein und der selbe Mensch bleiben (vgl. Kast, 2003). Manchmal wird diese Tatsache aus den Augen verloren, wenn sich um einen herum viel Stress aufbaut und man sich des eigenen ICHs nicht mehr so bewusst ist. Genau hier setzt die Biografiearbeit bei den Kindern und Jugendlichen an: Sie hilft die Lebensgeschichte zu ordnen und deckt dabei in den Hintergrund geratene positive Eigenschaften, Stärken, Erfolgserlebnisse und schöne Erinnerungen auf. In Zeiten des Selbstzweifels kann auf eine eigene, dokumentierte Lebensgeschichte, auf Eigenschaften, Ziele, Bedürfnisse und Errungenschaften, auf ein Selbstbild zurückgegriffen werden, welches von einem selbst geprägt wurde. Auch wenn sich Wesenszüge mit dem Älterwerden gewandelt haben, werden hier zweifellos die Konstanten herausgestellt. Was nicht heißen soll, dass sich Menschen nicht selbst verwirklichen und weiterentwickeln können. Neue Erfahrungen werden in die bisherige Lebensgeschichte integriert und erweitern diese (vgl. Kast, 2003). Nicht nur neue Erfahrungen, sondern auch neu erlernte Eigenschaften und Verhaltensweisen müssen in das bestehende Selbstkonzept passend eingebaut werden. Nicht immer sind neue Eigenschaften, mit denen wir uns identifizieren, mit den bestehenden stimmig. Sollen wir wichtige Entscheidungen treffen, dann geraten wir manchmal an den Punkt, nicht zu wissen, was richtig und was falsch ist. Das bedeutet nicht, dass eine Eigenschaft von der Identität ausgeschlossen werden muss; es sollte ein Kompromiss gefunden werden.

Im Laufe der Biografiearbeit können derartige Differenzen aufgedeckt werden. Kennt man diese, fällt es leichter, mit jemandem, der die Gegebenheiten objektiv betrachten kann, Lösungswege dafür zu finden.

Die Biografiearbeit als Lebensbuch oder auch nur als Erzählung gibt eine Zusammenfassung und lässt einen für eine kurze Zeit das Leben und seine Zusammenhänge als Ganzes sehen. Es geht um eine Art „generalisierte Selbstbewertung" (Kast, S.132, 2003) was einem die Frage stellen lässt: „Taugt diese Identität als Ganzes? Muss etwas verändert werden?" (Kast, S.132, 2003).

Haben Kinder ein schwaches Identitätsgefühl, können sie bei der Bewältigung neuer Herausforderungen eingeschränkt sein (vgl. Ryan, 2003). Gerade auch die schulische Leistungsfähigkeit ist beeinträchtigt, wenn Kinder damit beschäftigt sind der Vergangenheit nachzutrauern. Sie können eine depressive Haltung entwickeln, die der Leistungsbereitschaft entgegenwirkt und sie nicht mit Erwartung und Vertrauen in die Zukunft schauen lässt.

Ab welchem Alter mit dem autobiographischen Gedächtnis eines Kindes gearbeitet werden kann

In der Vergangenheit herrschte in Expertenkreisen der kognitiven Psychologie die Meinung vor, dass Kinder keine Kompetenzen des Erzählens und Reflektierens besäßen (vgl. Behnken, Zinnecker, 2001). Mittlerweile wird die Fähigkeit des biographischen Erzählens eher unter den Bereich der Neurophysiologie gefasst, da es vor allem auf mündliche und schriftliche Kompetenzen ankommt. Kindern wird nun durchaus zugemutet ihre Lebensgeschichte zu erzählen und auch widerzuspiegeln (vgl. Behnken, Zinnecker, 2001).

Bei einer gesunden Entwicklung bildet sich wahrscheinlich bei Kindern im Alter von sechs Monaten die Differenzierung zwischen dem „inneren" und dem „äußeren" Selbst (vgl. Ryan; Walker, 2003), was eine Grundlage für die eigene Identität des Kindes bildet. Mit drei bis vier Jahren beginnen Kinder damit, ihr Selbst durch Erzählungen in Worte zu fassen und anderen mitzuteilen. Dabei geht es meist um unmittelbare Erlebnisse, die für sie emotionale Bedeutung hatten (vgl. Kast, 2003). Ein autobiographisches Gedächtnis bildet sich bei Kindern erst im 5. bis 6. Lebensjahr heraus. Köhler (2001) stellte eine Reihe von Voraussetzungen dar, welche sie hierfür benötigen und wodurch es ihnen nicht möglich ist, schon im Grundschulalter ihre Lebensgeschichte zu reflektieren (vgl. Behnken, Zinnecker, 2001).

Menschen entwickeln ein „narratives Selbst" (Stern, 1985 zitiert nach Kast, 2003), um emotional erregende Geschehnisse verarbeiten zu können. Dies passiert vermehrt nach untypischen Ereignissen im Alltag, wie zum Beispiel bei Schicksalsschlägen.

Dies machen sowohl Erwachsene als auch Kinder und Jugendliche, aber auch, wenn sie fremde Personen kennen lernen. Hier ist man interessiert aneinander und man versucht sich selbst zu beschreiben mit Eigenschaften und Verhaltensweisen, die für einen wesentlich sind. Dafür ist es nötig, sich erst einmal ein Stück weit mit sich selbst zu befassen.

Der wohl wichtigste Faktor dabei ist die Person, die sich die Geschichte anhört und auf eine bestimmte Art und Weise darauf reagiert. Wenn Kinder merken, dass unsere Erzählungen auf Desinteresse stoßen, werden sie nichts weiter ausführen. Haben sie allerdings ein Gegenüber, das sehr neugierig auf ihre Lebensgeschichten reagiert, werden sie immer mehr erzählen und dadurch auch vermehrt über Erinnerungen nachdenken. Die Person wird dem Erzählten zustimmend oder ablehnend begegnen und ihrerseits Vorschläge und Einwände bringen. Dadurch wird man angeregt, die Geschichten zu variieren und es werden neue Sichtweisen auf die Dinge produziert. Biografiearbeit kann hier ansetzen, indem sie dem Klienten aufmerksam gegenübertritt und dessen Stärken herausstellt; sie fungiert als eine Art innerer Spiegel. Der Klient wird somit in die Lage versetzt, seine Lebensgeschichte und sich selbst aus einem anderen Blickwinkel zu betrachten. Er wird beginnen schlechte Erinnerungen, die sich negativ auf sein Selbstwertgefühl auswirkten, umzudeuten und sie als zu sich gehörende und positive Erfahrungen zu sehen. Menschen sind also auch mit ihren Erzählungen und der Vergangenheit in ihren sozialen Kontext eingebunden und von ihm beeinflussbar. Ein weiterer positiver Begleiteffekt ist die Distanz, die wir beim Erzählen gewinnen können. Sie gibt uns die Möglichkeit Vergangenes objektiver zu betrachten und besser zu verstehen. Es kann sein, dass wir somit Lösungen erkennen, welche uns damals sehr geholfen hätten. Diese Erkenntnis lässt uns vertrauensvoll in die nächsten Jahre blicken, denn sie hat uns eine Möglichkeit mehr in die Hand gegeben, zukünftige Schwierigkeiten zu bewältigen. Treten eben beschriebene Muster ein, dann hatte Biografiearbeit ohne jeden Zweifel Erfolg. Und um diesen festzuhalten, gibt es verschiedenste Methoden die Biografiearbeit aufzuzeichnen, damit sie später jederzeit wieder einsehbar ist und weiterhin hilfreich auf das Selbstwertgefühl des Klienten wirken kann.

Rahmenbedingungen und Vorbereitung der Biografiearbeit in Gruppen

Biografiearbeit wird im Kontext der Heimerziehung und des Pflegekinderwesens meistens in Einzelarbeit mit dem Kind durchgeführt und kann dadurch sehr individuell und flexibel jederzeit den Bedürfnissen des Kindes angepasst werden.

Wird Biografiearbeit in Schulen eingesetzt, ist meist eine Gruppenarbeit Voraussetzung. Diese muss, da es sich um eine Methode professioneller Sozialer Arbeit handelt, im Vorfeld gut geplant, strukturiert und vorbereitet werden, um allen Teilnehmern gerecht werden zu können.

Die Kinder sollen im Laufe der Zeit viele Geschichten, teilweise auch sehr intime, aus ihrem Leben preis geben. Dies ist nur in einer ungestörten und vertrauensvollen Atmosphäre möglich, die nicht zuletzt auch von den äußeren Rahmenbedingungen abhängt. Im Vorfeld muss somit unbedingt geklärt sein, dass geeignete Räumlichkeiten jede Woche zur selben Zeit ohne Probleme zur Verfügung stehen. Dabei ist im Wesentlichen darauf zu achten, dass es sich um einen gemütlichen, hellen und ruhigen Raum handelt, der Platz zum Arbeiten bietet. Es sollte kein Telefon dazwischen klingeln, und es sollte auch niemand vorbeikommen, der die Gruppe überraschend stört. Zudem sollten viele Tische und Stühle vorhanden sein, die sich in ihrer Form leicht verändern lassen, damit man diverse Möglichkeiten für unterschiedliche Methoden offen hat, wie zum Beispiel Sitzkreise für Gespräche oder Rollenspiele oder Gruppentische zum Malen, Basteln oder zur Kleingruppenarbeit. Zur Präsentation der Ergebnisse von Brainstormings, Collagen, Zeichnungen, etc. sollten auch Tafeln, Overhead-Projektoren oder Ähnliches zur Verfügung stehen (vgl. Lindmeier, 2006).

Auch der zeitliche Ablauf muss geklärt werden. Die Treffen sollten im Optimalfall einmal pro Woche stattfinden und die Dauer eine Stunde nicht überschreiten, da es ansonsten sowohl für den Moderatoren als auch für die Kinder schwierig wird sich zu konzentrieren (vgl. Ryan; Walker, 2003). Dabei sollten die gemeinsamen Treffen für die Kinder vor allem eines sein: verlässlich. Der Erwachsene sollte eine regelmäßige und für das Kind berechenbare Person darstellen, nur dann werden sich Kinder und Jugendliche in der Arbeit rund um ihre Lebensgeschichte öffnen und nur wenn sie das tun, kann sie auch erfolgreich sein. Ebenso wie die Anwesenheit des Moderatoren festgelegt sein muss, sollte man auch wissen, ob die Biografiearbeit in Einzelarbeit oder mit mehreren Kindern in einer Gruppe durchgeführt wird. Die Teilnehmer müssen regelmäßig zu den Sitzungen anwesend sein und dürfen während der Arbeit nicht wechseln.

Die Anfangsphase der Biografiearbeit in Gruppen

In einem ersten Treffen sollte den Kindern dann ein vollständiger Ablauf mitgeteilt werden, damit sie wissen, auf was sie sich einlassen und was sie erwartet. „Transparenz" sollte in diesem Zusammenhang eine unerlässliche Regel für jeden Moderator sein; dies ist eine weitere Voraussetzung für das Vertrauen der Kinder. Der Ablauf sollte strukturiert und einfach verständlich sein. Grundsätzlich sollten die Treffen in verschiedene Themenbereiche gegliedert werden, welche sich chronologisch über den gesamten Lebenslauf des Kindes erstrecken können (vgl. Lindmeier, 2006). Themenblöcke bei Kindern können beispielsweise der Kindergarten, Familienfeste, Eltern, Schule, etc. sein, je nachdem, welche Erfahrungen sie beschäftigen. Um Themen auszuwählen, sollte sich der Moderator vor Beginn der Arbeit mit den einzelnen Biografien der Kinder so gut es geht vertraut machen (vgl. Ryan; Walker, 2003). Dafür, wie für die gesamte Biografiearbeit, ist es wichtig, dass der Moderator den Kontakt zu wichtigen Bezugspersonen des Kindes aufrechterhält oder gar herstellt und sie in die Arbeit mit einbezieht. An den wöchentlichen Sitzungen nehmen aber ausschließlich der Moderator und die Kinder teil und keine weiteren Personen, auch nicht dann, wenn sie etwas mit der Arbeit zu tun haben.

Gleich zu Beginn sollten auch verbindliche Regeln für die Gruppenarbeit aufgestellt werden. Für die Kinder gilt, dass sie sich an gängige Gesprächsregeln halten, wie alle ausreden lassen, niemanden auslachen, jeder kommt zu Wort usw. Dies muss ihnen altersgemäß vermittelt und in Erinnerung gehalten werden, z.B. indem man es auf Flipcharts schreibt und im Raum hängen lässt. Der Moderator ist dafür verantwortlich, den Kindern absolute Vertraulichkeit zuzusichern und die Beteiligten dazu anzuhalten auch ihrerseits nicht das im Gruppenverband Besprochene herumzuerzählen.

Ein weiterer wichtiger Aspekt ist die Freiwilligkeit. Jedes Kind offenbart nur die Dinge, die es auch von sich aus offenbaren will und niemand wird dazu gedrängt, ein Arbeitsergebnis, das er für sich behalten möchte, den anderen zu zeigen. Ist es einem Kind unangenehm, an einer bestimmten Methode, wie zum Beispiel einem Rollenspiel oder einer Meditation, teilzunehmen, dann kann es ohne weiteres aussetzen oder zu einem bestimmten Thema oder einer Frage nichts sagen. Ihm alleine ist es auch überlassen, in welche Hände das Ergebnis seiner Biografiearbeit kommt. Egal, ob es sich um ein Buch, eine Videoaufnahme oder ein künstlerisches Gebilde handelt, es gehört dem Kind alleine und nur das Kind bestimmt, wem es gezeigt wird und wer etwas dazu sagen darf (vgl. Ryan; Walker, 2003).

Zur Kommunikation mit Kindern in der Biografiearbeit

Für den Umgang mit Kindern ist im allgemeinen viel Fingerspitzengefühl erforderlich, bei dem Versuch, zu einem Kind Vertrauen aufzubauen und einen Zugang zu ihm herzustellen, der es ermöglicht, seine Lebensgeschichte zu klären und zu ordnen, natürlich umso mehr. Kay Donley, die frühere Leiterin einer Beratungsstelle für Kinder in New York, stellt in „Opening New Doors" zehn Regeln für die Kommunikation mit Kindern vor, welche für die Biografiearbeit sehr hilfreich sein können (vgl. Ryan; Walker, 2003):

- *Vermeidung von Phrasen im Gespräch*: Statt einer typisch erwachsenen Phrase wie „Gehst du gerne zur Schule" sollten Moderatoren Informationen über einen selbst einbringen und den Kindern zeigen, dass sie gerne mit ihnen arbeiten.
- *Jedes Kind hat Anliegen, welche zuvor noch nie adäquat verstanden wurden:* Der Moderator sollte von dieser Tatsache ausgehen und sich darauf einstellen.
- *Vor allem Kinder, welche beide oder einen Elternteil verloren haben, wurden verletzt:* Auch wenn sich Kinder unauffällig entwickeln, kann es sein, dass sie die Trennung von einem Elternteil oder einer anderen wichtigen Bezugsperson immens beschäftigt, weil diese Erlebnisse unbearbeitet blieben.
- Es gilt dahinter zu schauen, *wie sich ein Kind mit der eigenen Situation auseinandersetzt* und wie es diese versteht, um das Kind auch gegenüber anderen zu vertreten.
- *Kinder kommunizieren in der Regel zu einem großen Teil nicht nur über Worte.* Es sollte herausgefunden werden, wie sich ein Kind gerne mitteilt, und auf diese Art und Weise sollte vermehrt mit ihm in Kontakt getreten werden.
- Man muss die Bereitschaft aufbringen, *für das Kind über einen gewissen Zeitraum eine zuverlässige, vorhersehbare und regelmäßige Person zu sein:* Im Voraus sollte abgeklärt werden, dass man immer zur gleichen Zeit ein Treffen realisieren kann. Kommt etwas dazwischen, sollte es den Kindern so bald es geht ehrlich erklärt werden.
- *Jedes Kind ist mit seinen Erfahrungen einzigartig:* Biografiearbeit ist nicht vorhersehbar, man arbeitet mit individuellen Erfahrungen und kann von dem einen Kind nie auf das andere schließen, dies sollte jedem Moderator andauernd bewusst sein.
- Biografiearbeit entwickelt mit dem Kind auch *eine „offizielle" Lebensgeschichte*, die ihm hilft, sich selbst vor anderen Menschen zu erklären. Diese sollte gesellschaftlich akzeptable Lösungen enthalten, die der Wahrheit entspre-

chen, damit das Kind vor neuen Bekannten nicht lügen muss, weil es sich der Geschehnisse schämt.
- *Es gilt das Kind aus verschiedenen Perspektiven zu betrachten,* um es in keine Schubladen zu stecken und Stärken zu entdecken, die bislang durch andere, vorrangige Eigenschaften oder Geschehnisse niemandem aufgefallen sind.
- *Den Personensorgeberechtigten gegenüber ist man verpflichtet wichtige Sachverhalte mitzuteilen.* Auch wenn es im ersten Moment so aussieht, als würde man das Kind entlasten, wenn man negative Geheimnisse für sich behält, ist es trotzdem immer so, dass diese Geheimnisse das Kind belasten und irgendwann doch ans Licht kommen. Man sollte statt dessen dem Kind dabei helfen, auch negative Dinge in den Lebenslauf zu integrieren und damit umgehen zu lernen

(vgl. Ryan; Walker, 2003 zitiert nach Kay Donley).

Die Rolle des Moderatoren/ des Zuhörers in der Biografiearbeit

Diese „zehn Gebote" können schon einen Grundstock für die Biografiearbeit mit Kindern bilden. Wir betrachten sie als Grundregeln für jeden Erwachsenen, der diese Arbeit mit Kindern oder Jugendlichen beginnt. Des weiteren zählen zu den Grundvoraussetzungen der Kommunikation die drei Begriffe „Empathie", „Wertschätzung" und „Echtheit".

Empathie bedeutet sich in sein Gegenüber einzufühlen, die Dinge aus seiner Sicht zu betrachten, ohne aber die professionelle Distanz zu verlieren. Man versucht, die Situation auf die gleiche Art und Weise wie das Kind wahrzunehmen, darf aber nicht vergessen, dass man nicht das Kind ist und einen objektiven Blick besitzen muss. Einfühlendes Verstehen meint, „den inneren Bezugsrahmen des anderen möglichst exakt wahrzunehmen, mit all seinen emotionalen Komponenten und Bedeutungen [...]" (Weinberger, 2004, S.38, zitiert nach Rogers, 1959, S. 37).

Die Kinder sollen in einem Gespräch auch merken, dass sie so angenommen und akzeptiert werden wie sie sind. Der Zuhörer muss das Kind in seinen Einstellungen und Verhaltensweisen achten, auch wenn er anderer Meinung ist (vgl. Weinberger, 2004).

Dies bedeutet allerdings nicht, dass keine anderen Meinungen geäußert werden sollen, der Berater sollte sich sogar überlegen, was er dazu meint und wie er dem Ganzen auch gefühlsmäßig gegenübersteht. Dies kann auch vor dem Kind oder Jugendlichen zur Rede kommen, allerdings in angemessener und nicht in missbilligender Art und Weise. Sich als echt und kongruent zu beweisen bedeutet, sich in „Übereinstimmung mit sich selbst" zu verhalten (Weinberger, 2004).

Neben diesen Grundlagen sollte bei einer Biografiearbeit noch auf weitere Aspekte geachtet werden. Sie nehmen in der Biografiearbeit gewisse Aufgaben und Funktionen ein, welche nicht vernachlässigt werden dürfen. Nicht nur Psychologen, Sozialpädagogen oder Erzieher machen Biografiearbeit mit Kindern, grundsätzlich kann dies jeder verständnisvolle Erwachsene tun, der eine Beziehung zu dem Kind hat, wie seine Eltern, die Pflegeeltern usw.(vgl. Ryan; Walker, 2003). Wie bereits gesagt sind Empathie, Wertschätzung und Echtheit wichtige Komponenten der Gesprächsführung. Auf den Kontext der Biografiearbeit mit Kindern und Jugendlichen bezogen, bedeutet dies, dem Kind achtsam gegenüber zu treten. Man muss einfühlsam sein, um die Signale, welche das Kind sendet, auch wahrzunehmen und richtig zu interpretieren. Denn für die Arbeit mit Menschen gibt es kein festes Schema, nach dem man vorgehen kann, die Biografiearbeit läuft so ab wie es das Kind haben will, das Erzählen wird in seinem Umfang und der Geschwindigkeit vom Kind bestimmt und der Zuhörende muss darauf eingehen, damit es sich verstanden fühlt und dann bereit ist weitere Erfahrungen preis zu geben (vgl. Ryan; Walker, 2003). Dies ist auch nur möglich, wenn der Berater nicht versucht seine eigene Ansicht auf das Kind zu übertragen, denn erstens wird somit die Biografie verfälscht und zweitens beeinflussen „Ratschlag- Haltungen" (Ruhe, 2007, S.18) die Qualität der Beziehung negativ, da das Kind vom Zuhörer erwartet, dass es in seinen Erzählungen ernsthaft angenommen wird (vgl. Ruhe, 2007). Obwohl das Kind mit seinen Erinnerungen zu jeder Zeit wertgeschätzt wird und ihm einfühlendes Verstehen entgegengebracht werden soll, sooft es nur geht, muss der Berater das Kind darin hindern, offensichtlich falsche Inhalte aufzuzeichnen. Es muss ihm klar gemacht werden, dass es später immer das Resultat der Biografiearbeit ändern kann und noch etwas einfügen darf.

„Biografiearbeit ist weniger Interpretationsarbeit des Vergangenen, sondern mehr Spiegel des Erinnerten und Erinnernden" (Ruhe, 2007, S.18). Der Zuhörende muss dazu aktiv werden, er muss Gesagtes wiedergeben und dabei Interesse zeigen. Der Erzählende wird nur bemüht sein weiter zu reden, wenn er merkt, da ist jemand, der neugierig auf meine Geschichte ist und nicht nur mit mir spricht, weil er gewisse Informationen herausbekommen will (vgl. Ruhe, 2007). Das Gespräch sollte auf einer partnerschaftlichen Ebene und auf einer Grundlage des Vertrauens verlaufen. Wenn dies der Fall ist, dann wird das Kind oder der Jugendliche auch nach der Person des Zuhörers fragen. Der wiederum sollte dazu bereit sein, ebenfalls etwas aus seinem Leben zu erzählen und damit dem Kind seinerseits das gleiche Vertrauen entgegenzubringen.

Es dürfen in der Biografiearbeit auch keine Themen tabuisiert oder übergangen werden, weil sie für jemanden unangenehm sind. Wenn das Kind über Dinge erzählt, die es nicht erreichen kann oder niemals hatte oder haben wird, dann ist der Zuhörer angehalten langsam und vorsichtig damit umzugehen, aber es auf jeden Fall zu bearbeiten. Dabei ist es allerdings ganz wichtig, dass er nicht übersieht die Grenzen des Kindes zu erkennen und auch einzuhalten, denn die Biografiearbeit ist freiwillig und das Kind darf zu nichts gedrängt werden (vgl. Ruhe, 2007).

Ryan und Walker fassen sieben Grundsätze für die Biografiearbeit zusammen, die der Zuhörer seinerseits immer beachten muss:

- Das Vertrauen des Kindes darf nicht verraten werden
- Auch unangenehme Sachen müssen angesprochen werden
- Dem Kind keine Worte oder Meinungen aufdrängen
- Die Sitzungen zu Ende bringen, bis auf Seiten des Kindes kein Bedarf mehr erkennbar ist
- In der Geschwindigkeit des Kindes arbeiten
- Verlässlich und beständig sein
- Das Resultat gehört selbstverständlich dem Kind, es wird weder als Belohnung noch als Druckmittel verwendet

(vgl. Ryan; Walker, 2003).

Mögliche Probleme bei der Biografiearbeit

Neben all diesen Gesprächsführungstechniken darf nicht vergessen werden, dass jemand, der eine Biografiearbeit mit Kindern und Jugendlichen startet, hierfür auch auf spezifische Probleme gefasst sein muss und Kompetenzen zur Bewältigung mitbringen sollte.

Kinder können während der Arbeit an ihrer Lebensgeschichte in eine bereits überwundene Lebensphase zurückfallen, beispielsweise in eine Phase, in der sie schlechte Erfahrungen gemacht haben, wie die Scheidung ihrer Eltern. Dabei kann es sich um diverse Erscheinungsformen von Regression handeln wie Wutausbrüche, emotionale Extreme, Einnässen und Einkoten, untypisches introvertiertes Verhalten sind einige Beispiele (vgl. Ryan; Walker, 2003). Dies sollte allerdings keinen Anlass geben die Arbeit abzubrechen, denn Regression ist eine nicht ungewöhnliche Reaktion auf negative Erinnerungen und wird nicht von langer Dauer sein. Hat ein Kind das Gefühl, mit der Biografiearbeit nicht zurecht zu kommen oder fühlt es sich gar in seinem Wohlbefinden bedroht, dann wird es von alleine nicht weiter machen wollen (vgl. Ryan; Walker, 2003). Es wird sich dann zurücknehmen und der Berater sollte dies als ein Signal des Kindes wahrnehmen und es zu nichts drängen.

Weiterhin muss jemand, der Biografiearbeit mit Kindern betreibt, auch methodische Kompetenzen mitbringen. Erinnerungen werden meist nur durch die richtigen Impulse geweckt, welche emotional verankert und individuell sehr unterschiedlich sind. Der Moderator braucht deshalb in einer Gruppe von Kindern viele unterschiedliche Methoden, um einen Zugang zu jedem Kind zu bekommen (vgl. Lindmeier, 2006).

Kinder wissen zu Beginn häufig nicht, was sie erzählen dürfen und was nicht, oder was sich lohnt zu erzählen und was ihnen eher schaden wird. Sie werden damit anfangen, Erfolgserlebnisse mitzuteilen oder lustige Geschichten aus ihrem Leben zu erzählen. Negatives werden sie lieber für sich behalten, um der Gefahr aus dem Weg zu gehen, dass diese weitererzählt werden und jemand davon erfährt, dem sie es lieber nicht gesagt hätten. Deshalb sollte der Moderator am Anfang der Biografiearbeit immer wieder zum Ausdruck bringen, dass glückliche und traurige Gefühle gleichfalls erwünscht sind und dass es ein Leben ohne Schattenseiten wohl kaum gibt (vgl. Ryan; Walker, 2003). Wenn ein Kind von einer schlechten Erfahrung berichtet, sollte darauf geachtet werden, dass es unmittelbar eine anteilnehmende Rückmeldung bekommt. Der Berater kann Beispiele geben und aus seinem Leben erzählen, um den Kindern zu zeigen, dass auch negative Gefühle einer Sache oder einem Menschen gegenüber völlig normal und in Ordnung sind. Fällt es manchen Kindern immer noch schwer, trotz des Verständnisses und Mitgefühls über ihre Gefühle zu reden, gibt es verschiedene alternative Kommunikationsmittel, die eingesetzt werden können, wie beispielsweise das Malen, Zeichnen, Gestalten usw.

Der Berater sollte den Kindern entsprechende Methoden an die Hand geben, die ihnen den Einstieg erleichtern. Damit für die Sitzungen bestimmte Themen gewählt werden, wird der Raum der Erzählungen schon eingeschränkt, was es dem Kind erleichtert sich auf etwas Bestimmtes zu konzentrieren. Es können strukturierte Fragebögen in der Art von Poesiealben mitgebracht werden, dies nimmt dem Kind den Druck sich selbst etwas zu überlegen, was es über sich erzählen könnte. Zudem schreiben die meisten Kinder wohl nicht allzu gerne fließende Texte und haben hier die Möglichkeit, vieles über sich selbst zu dokumentieren, indem sie nur ergänzen. Z.B. *Am liebsten esse ich............. Meine Lieblingstiere sind...........gar nicht leiden kann ich.................am liebsten würde ich mal....................*

Diese Methode ist sehr geeignet, um die Kinder langsam mit negativen und positiven emotionalen Aussagen vertraut zu machen (vgl. Ryan; Walker, 2003). Wie die Fragebögen gestaltet sind und was sie zum Inhalt haben, bleibt jedem Moderator alleine überlassen. Dies sollte von Fall zu Fall verschieden und auf die Gruppe abgestimmt sein. Ob die Kinder ihre Fragebögen öffentlich machen oder nicht, bleibt ihnen überlassen. Sie können dies auch zu einem späteren Zeitpunkt den anderen Teilnehmern zeigen, wenn sie bereit dazu sind. Es kann nicht zu oft betont werden, dass ein Kind sich völlig freiwillig öffnen muss.

Manchen Kindern fällt es auch leichter, ihre Gefühle nicht mit Worten sondern künstlerisch auszudrücken. Man kann ihnen die Aufgabe stellen, ein Bild zu einem Thema zu malen, etwas zu basteln oder etwas aus Ton herzustellen oder Ähnliches und dies dann mit einem Titel zu versehen. Zum Beispiel kann man ihnen das Stichwort Geschwister geben und sie auffordern, etwas zu gestalten, das ein positives und ein negatives Gefühl veranschaulicht. Dabei kann es sich aber auch um ganz „harmlose" Sachen handeln, wie das Thema Mittagessen, um den Kindern klar zu machen, dass positive und negative Gefühle bedingungslos angenommen werden (vgl. Ryan; Walker, 2003). Wie es der Berater macht, hängt vom Entwicklungsstand seiner Gruppe ab. Für diesen Zweck gibt es zahlreiche Methoden, die eingesetzt werden können und den Durchführenden sind in ihrer Kreativität kaum Grenzen gesetzt. Es können auch Spiele angeboten werden, wie zum Beispiel „Knowing me, knowing you" von der Firma Parker, welches viele Karten mit Fragen beinhaltet wie *„Ich mochte an der Ganztagesklasse am liebsten die Pausen, das Mittagses-*

sen, die Mitschüler oder die Lehrer?" Von den anderen muss dann geraten werden, was auf die Person mit der Karte zutrifft. Es gibt zahlreiche solcher Spiele, die man auch variieren kann, die aber ein großes Repertoire an autobiografischen Fragen besitzen.

Es kann auch vorkommen, dass ein Kind gerne über seine Gefühle sprechen möchte, aber aufgrund sprachlicher Defizite daran gehindert ist. Hier sind „Gefühlskarten" eine gängige und äußerst hilfreiche Methode (Ryan; Walker, 2003). Die Kinder können in einer Gruppe selber verschiedenste „Gefühle" sammeln wie „enttäuscht", „lebendig", „glücklich", „stolz" usw. und diese auf Karten festhalten. Man kann diese Ausdrücke auch noch mit Gesichtern versehen wie zum Beispiel „glücklich-☺". Die Kinder behalten diese Karten und können im Laufe der Biografiearbeit auf sie zurückgreifen. Zu gewissen Themen können sie auch zusammen mit einem Fragebogen als Einstieg verwendet werden, indem die Kinder statt mit Worten mit dem Einkleben einer Gefühlskarte antworten.

2.4 Methodik der Biografiearbeit mit Gruppen

Arbeit in der Gruppe

Biografiearbeit mit mehreren Kindern und Jugendlichen stellt an den Moderator einige Herausforderungen. Zum einen muss er versuchen, immer alle Gruppenteilnehmer an dem Geschehen zu beteiligen, zum anderen soll er für individuelle Probleme oder Fragen zur Verfügung stehen und jedes einzelne der Kinder beobachten und unterstützen. Er muss Kenntnisse über Gruppendynamiken, sowie den Gruppendruck und seine Phänomene haben, um angemessen darauf zu reagieren. Bei Biografiearbeit als Gruppenarbeit geht es um eine Einstellungsänderungen an manchen Stellen des Erinnerns und um das Wecken von Ressourcen, die den Kindern vielleicht bisher nicht so bewusst waren, dass sie ihr Leben bereichern konnten. Es geht darum, dass die Kinder lernen, ihr eigenes Ich zu erkennen und als ein wertvolles Gut anzunehmen, auch wenn es manche Schattenseiten darin gibt. Es gilt diese Schattenseiten lohnenswert zu beleuchten. Die Gruppe kann hierfür hilfreich sein, wenn Kinder erfahren können, dass sie mit schlechten Erfahrungen nicht alleine sind und es ähnliche Geschichten gibt. Der Moderator sollte deshalb auch darauf achten, dass die Teilnehmer zueinander passen und nicht komplett verschiedene

Erlebnisse mitbringen. Innerhalb einer Gruppe können sich Kinder auch gegenseitig zum Erzählen anregen und durch die Erzählungen der anderen neue Sichtweisen und Einstellungen kennen lernen. Die Gruppe bringt aber auch immer einen Druck mit, vor allem auf Jugendliche, die in ihrer Identität noch nicht gefestigt sind. Merkt der Berater, dass dieser Gruppendruck die Kreativität und die Bereitschaft, über Gefühle zu sprechen, beeinträchtigt, sollte er versuchen dem entgegenzuwirken. Es können beispielsweise Kleingruppen gebildet werden oder es wird eine Dokumentationsaufgabe angeboten, in deren Verlauf sich der Berater auf ein oder zwei bestimmte Kinder konzentrieren kann. Für eine intensive Betreuung während der Biografiearbeit ist es eher unwichtig, wie viele Kinder daran teilnehmen, es kommt auf die Anzahl der Erwachsenen an (vgl. Lindmeier, 2006). Ein Berater ist zu wenig und es ist nötig, weitere geeignete Personen hinzuzuziehen, falls weitere Berater von Seiten der Einrichtung nicht gestellt werden können. Geeignete Personen wären Eltern und andere Erziehungsberechtigte, mit denen der Moderator zusammenarbeitet und die beispielsweise nach den Sitzungen offene Fragen mit den Kindern aufarbeiten können, weil sie die Vergangenheit des Kindes kennen.

Inhalte der Biografiearbeit

Unabhängig davon, für welche Form der Aufzeichnung man sich entscheidet, ist zu berücksichtigen, dass auf einige Inhalte nicht verzichtet werden sollte (vgl. Lattschar, 2007). Wie man sie festhält, ob auf künstlerische oder schriftliche Art und Weise und wie man es in einen Sinnzusammenhang zum Leben des Kindes bringt ist zweitrangig, es muss nur von dem Kind nachvollzogen und gewollt werden. Zu Beginn ist es wichtig, einige soziographische Daten des Kindes aufzuführen (vgl. Lattschar, 2007), die den Grundstock bilden. Das Kind beschreibt sich selbst mit Bildern, so können beispielsweise Fotocollagen angefertigt werden oder eigene Zeichnungen, Porträts oder Fragebögen in der Art von Poesiealben, wenn sie bei den Kindern oder Jugendlichen momentan beliebt sind. Die Familie wird festgehalten mit Stammbäumen, Fotos, Netzwerkkarten, usw. (vgl. Lattschar, 2007). Hier sammelt man Informationen darüber, wer alles zur Familie des Kindes gehört. Gerade in den letzten Jahrzehnten haben sich zahlreiche alternative Beziehungsmöglichkeiten entwickelt, und die Zahl der Scheidungsfamilien ist nicht unerheblich. Den Kindern soll vermittelt werden, dass alle Formen der Familien in Ordnung sind, auch andere betreffen und sie sich derer weder schämen müssen noch deswegen benachteiligt werden. Es sollte den Kindern gezeigt werden, dass man diese Tatsachen als etwas Natürliches und Gewöhnliches betrachtet. Des weiteren sollten sich Informationen über den Wohnort und die Wohnsituation des Kindes in den Aufzeichnungen der Biografiearbeit finden: Wo wohnt das Kind? Mit wem wohnt es da zusammen? Wer ist sorgeberechtigt? Wohnt es da schon immer oder ist es umgezogen?

Es empfiehlt sich, eine Chronik über den Lebenslauf des Kindes anzufertigen, mit wichtigen Ereignissen und Veränderungen. Und es sollte ein eigenes Kapitel vorhanden sein, welches die Gefühlswelt des Kindes/ Jugendlichen thematisiert (vgl. Lattschar, 2007). Es können Gefühle und Gedanken über bestimmte Lebensabschnitte festgehalten werden, über die momentane Situation, über Personen, über Sorgen und Ängste des Kindes usw..

Die methodische Umsetzung ist sehr flexibel und offen für eigene Ideen und Ergänzungen. Das Programm kann sich den Teilnehmern immer anpassen und so individuell auf sie eingehen. Die folgenden Methoden sowie alle anderen Methodensammlungen können als Leitfaden und Anregung dienen und sowohl abgeändert als auch erweitert oder verringert werden, je nach dem Alter, dem Entwicklungsstand und der Bereitschaft der Kinder. Ein Erwachsener bearbeitet mit dem Kind dessen Lebensgeschichte und hält diese fest. In welcher Art und Weise dies geschieht ist variierbar und soll auf das Kind und seine Präferenzen ankommen. So kann man zum Beispiel mit dem Kind oder Jugendlichen ein Buch anfertigen oder auch nur ein kleines Heft mit vielen Bildern und Fotos. Es können auch Erinnerungen in einer kleinen Box oder Holzkiste gesammelt werden, wenn einem Kind Schriftstücke unsympathisch sind. Auch Video- oder Hörspielaufzeichnungen sind möglich, wenn die technischen Voraussetzungen erfüllt sind und der Erwachsene keine Probleme im Umgang damit hat (vgl. Lattschar, 2007). Welche Form und Methode man letztendlich verwendet, hängt sowohl vom Alter, Entwicklungsstand, Geschlecht, Interesse, von den Fähigkeiten, der Vorgeschichte, der Familienkonstellation usw. des Kindes ab, als auch vom Interesse, den Fähigkeiten und Neigungen des Erwachsenen (vgl. Maywald, 2004). Er sollte nur Methoden anbieten, in denen er selbst geübt ist, damit er sich ausreichend auf die Kinder konzentrieren kann.

Ein wichtiger Aspekt bei der Auswahl geeigneter Methoden ist die Anzahl der Kinder, mit denen man arbeitet. Handelt es sich um eine 1:1 Betreuung, hat der Erwachsene ganz andere Möglichkeiten wie bei einer Gruppenarbeit. Er kann sich intensiver um die Belange des Kindes kümmern, ist flexibler in der Methodenauswahl und – abwandlung und kann wahrscheinlich in den meisten Fällen eine festere Beziehung und mehr Vertrauen aufbauen. Dies ist vor allem bei Kindern mit Traumata sehr nützlich und kann auch in den Rahmen einer Therapie miteinbezogen werden. Die Einzelarbeit findet in Pflegefamilien und bei Heimkindern Anwendung und geht hier auch über einen längeren Zeitraum. Oft wird sie von den Pflege- oder Adoptiveltern angeleitet und kann somit in der Intensität und der Dauer dem Kind gerecht werden. Auch bei Kindern mit anderen schweren Schicksalsschlägen wie einer schweren Krankheit, dem Tod eines Elternteils, Kindesmisshandlung oder der Scheidung der Eltern kann eine Einzelbetreuung angebracht sein. Die Gründe hierfür sind vielfältig.

Aber auch eine Gruppenarbeit kann für die Kinder hilfreich sein, indem sie erkennen, dass es noch andere gibt, denen es ähnlich erging und die dadurch Halt und Trost finden und ihren Lebenslauf als „normal" annehmen können.

Biografiearbeit kann auch als Projekt in einem eher präventiven Kontext sinnvoll sein, zum Beispiel in der Schule mit dem Ziel, bei den Schülern ein Gefühl für ihr eigenes Ich und mehr Selbstbewusstsein zu entwickeln. Der Leiter einer Biografiearbeit muss kompetent im Umgang mit den Methoden sein, da solche, die auf den ersten Blick als harmlos eingestuft werden könnten, durchaus in einer Krisensituation verschärfend wirken können (vgl. Ruhe, 2007). Er muss die Kinder, ihre Vergangenheit und die Ziele der Arbeit genau kennen und danach die Methoden bestimmen. Die einen methodischen Aufgaben treiben die Kommunikation unter den Kindern voran und thematisieren somit die Beziehungen zwischen den Gruppenmitgliedern. Andere sorgen für Besinnung und stille Momente und werden den Kindern alleine oder in kleinen Gruppen angeboten, und es gibt Methoden, welche tiefer gehen und „Anregungen für schwierige Umbruchsituationen des Lebens" geben (Ruhe, 2007). Dann ist noch zu unterscheiden, ob man sich mit der Biografie des Einzelnen, der Sozialgeschichte einer bestimmten Gruppe oder der Zeitgeschichte einer ganzen Generation beschäftigt (vgl. Ruhe, 2007).

Diese Arbeit wird sich schwerpunktmäßig mit den Biografien von Kindern und Jugendlichen im Schulalter befassen mit dem Ziel der Förderung eines gesunden

Identitätsgefühls. Die Biografiearbeit findet in Form von Kleingruppen- und Gruppenarbeit statt und beinhaltet Methoden zur Besinnung, Kommunikation und Informationssammlung über das eigene Leben. Hier nun eine mögliche Methodensammlung zu diesem Thema:

Methodensammlung

Zum Einstieg sollte eine einfache Methode benutzt werden, welche für die Kinder leicht zu handhaben ist und keine zu hohen Anforderungen an die Kreativität des Kindes stellt, damit es sich nicht gleich zu Beginn überfordert fühlt und auf sich selber konzentrieren kann. Es können als Vorgaben Seiten von Poesiealben ausgegeben werden, in denen das Kind persönliche Daten wie Name, Alter usw. festhalten kann. Alle Methoden sind zur Einzelarbeit mit Kindern und Jugendlichen geeignet, können aber auch zu Gruppenarbeiten verwendet werden.

Fotoalben

Die Kinder können einzelne Fotos oder auch ganze Bildbände von sich selbst, aber auch von der ganzen Familie, mitbringen und durchsehen. Auf eine Sammlung von Bildern kann auch später zurückgegriffen werden, um Stammbäume oder wichtige Ereignisse lebendiger zu machen.
Ziel: Das Betrachten von vergangenen Szenen kann dem Kind helfen, sich an Dinge zu erinnern und seine Empfindungen darüber auszudrücken (vgl. Ryan; Walker, 2003).

Zeitleisten

Wichtige Ereignisse, Erinnerungen oder auch Umbrüche im Lebenslauf werden auf einem Zahlenstrahl zu den jeweiligen Jahreszahlen notiert.
Ziel: Eine chronologische Grafik über das gesamte Leben hilft zu strukturieren und schafft Übersicht. Verknüpft man sie mit Impulsen, wie „weißt du noch, im Jahre 1999 bist du in den Kindergarten gekommen", kann man eine persönliche Rückschau anregen (vgl. Ruhe, 2007).
Durchführung: Hier ist man äußerst flexibel, Zeitleisten können als eine Art Lebenspanorama gemalt werden, sie können in einem Weg dargestellt sein oder anstelle eines Weges unterschiedliche Objekte für die Unterbringung von Lebensstationen nutzen. Eine übersichtliche Alternative wäre der Lebensstrahl, welcher die Ereignis-

se chronologisch von der Geburt bis in die Gegenwart anordnet. Dies verwirrt Kinder allerdings häufig, sie sehen keine Logik darin in der Vergangenheit zu beginnen, sondern erzählen lieber von heute an rückwärts (vgl. Ryan; Walker, 2003). Schmerzhafte Erfahrungen werden zu Beginn oft ausgelassen (vgl. Ryan; Walker, 2003), um eine „schöne" Lebensleiste zu bekommen. Es muss deutlich werden, dass dieses Schaubild jederzeit ergänzt und modifiziert werden kann und im Laufe der Biografiearbeit immer eine Rolle spielen wird.

Stammbaum
Die gesamte Familie, dazu gehören Eltern, Geschwister, Großeltern, Urgroßeltern, Pflegefamilie, Onkel, Tanten, Cousinen usw., wird, so weit dies möglich ist, mit all ihren Verwandtschaftsbeziehungen in einem Genogramm aufgezeichnet.

<u>Durchführung:</u> Die Kinder können auf großen Blättern ein Genogramm von ihrer Familie zeichnen. Geburts- und Sterbedaten werden mit verschiedenen Kreuzen gekennzeichnet, Heirat und Scheidung werden auch durch entsprechende Symbole wie zum Beispiel Ringe und durchgestrichene Linien, markiert. Der Stammbaum kann auch alternativ mit Figuren oder Ähnlichem dargestellt werden.

<u>Ziel:</u> Stammbäume visualisieren einen Platz in der Familie, den Kinder häufig erst durch diese Methode bewusst verdeutlicht bekommen. Oft fragen Kinder ihre Eltern nach verstorbenen Verwandten oder nach Verwandtschaftsbeziehungen, die ihnen noch unklar sind, was zu einer intensiveren Auseinandersetzung und zu mehr Kontakt mit der eigenen Familie führt. Die Namen der einzelnen Familienmitglieder können durch deren Beruf etc. erweitert und mit Fotos ergänzt werden, falls welche vorhanden sind. Der Stammbaum könnte dann zu Hause aufgehängt werden und erfüllt den Zweck, dass das Kind/ der Jugendliche immer bewusst vor Augen hat, dass er in ein familiäres Netz eingebunden ist, in dem es für ihn einen Platz gibt und auch er ein unersetzbarer Teil in den Verästelungen ist (vgl. Ruhe, 2007).

„Zauberland ist abgebrannt
und brennt noch irgendwo"
Rio Reiser

Erinnerungsimpulse

Jeder kennt das: Wir hören, sehen und riechen etwas und erinnern uns plötzlich an bereits Vergangenes ganz bewusst. Das können ältere Songs, Gerüche von Lieblingsspielsachen, Redensweisen, Rezepte und vieles mehr sein. In der Biografiearbeit kann es sinnvoll sein solche Impulse gezielt hervorzurufen.

Durchführung: Zu den Sitzungen können Gegenstände, Spielsachen, typische Kinderlieder, Lebensmittel, die Kinder gerne essen oder gegessen haben, wie Erdbeeren, Fruchtzwerge,..., je nachdem, was dem Erwachsenen aus der Vergangenheit der Kinder bekannt ist, mitgebracht werden. Man kann sie einbinden in Ratespiele, gemeinsames Musizieren, Rollenspiele und so weiter. Die Kinder können auch ihrerseits gebeten werden auf den eigenen Dachböden oder anderen Abstellecken persönliche Gegenstände ausfindig zu machen, die sie mit einem bestimmten Ereignis in Verbindung bringen. Sie können während den Sitzungen ihre Dinge vorstellen oder die Bedeutung von den Teilnehmern erraten lassen. Assoziationen können in den unterschiedlichsten Variationen provoziert werden. Das kann mit einfachen Übungen geschehen, wie zu einem bestimmten Thema einen Ball im Kreis werfen oder die Kinder mitgebrachte Bilder aussuchen lassen und sie nach ihrer Interpretation fragen usw.

Ziel: Durch das Einbringen von Erinnerungsimpulsen werden „überraschend viele Anregungen zur Reflexion der eigenen Biografie" (Ruhe, 2007) freigesetzt. Welches Medium bei einem Menschen Emotionen bewegt, ist nicht vorherzusagen. Den einen berührt der Duft einer Ananas, der ihn an seine geliebte Oma erinnert, den anderen bringt es offensichtlich zum Nachdenken, wenn er ein altes Lied hört, welches er mit seinem besten Freund immer gesungen hat. Gerüche, Farben, Gegenstände, Lieder, Umgangssprache, das alles kann bei Kindern zu verborgenen Erinnerungen führen und kann ihnen den Wandel zeigen, der sich in ihren Einstellungen vollzogen hat. Vor ein paar Jahren mochten sie noch eine Band und heute finden sie eine ganz andere Musikrichtung viel besser und immer noch sind sie der gleiche Mensch. Schon das Sammeln der Gegenstände hat für sich eine heilsame Wirkung. Kinder erkennen, dass sie Entwicklungsschritte durchlaufen und alles Vergangene auch zu ihnen gehört und ihre Person, wie sie sich heute sehen, beeinflusst hat. Diese Aufgabe zeigt ihnen, dass jemand ihre Lebensgeschichte hören möchte und an ihren Erinnerungen interessiert ist, was ihnen bedeutet, wichtig und wertvoll zu sein (vgl. Ruhe, 2007).

Normen und Werte – Bilanzierung

Im Leben gilt es, einfache und schwierige Entscheidungen zu treffen. Was aber macht eine Entscheidung kompliziert und warum müssen wir bei manchen Dingen kaum überlegen und wissen trotzdem, was richtig und was falsch ist? Wir handeln aufgrund der Werte und Normen, die wir von Kindesbeinen an erlernt haben, wir haben eine innere Vorstellung davon, was richtig und was falsch ist und was Ziel unseres Lebens ist. Im Laufe der Zeit kommen neue Erfahrungen, Einstellungen und Werte hinzu, weil der Mensch immerzu lernt und sich weiterentwickelt. Nun kann es passieren, dass neu hinzugekommene Werte den verankerten widersprechen. Gerade Kinder und Jugendliche im Schulalter sind häufig mit diesem Problem konfrontiert, sie brauchen eine Orientierung, haben aber zahlreiche Möglichkeiten hierfür. Es kann sehr verwirrend sein, wenn man in die Situation kommt nicht zu wissen wie man handeln soll. Biografiearbeit kann hier helfen, indem sich Kinder darüber klar werden, welche Wertvorstellungen für sie im Großen und Ganzen am wichtigsten sind, welche sie gar nicht zulassen möchten und dass es normal ist, dass sich Werte auch einmal widersprechen können.

<u>Durchführung:</u>

- Es werden menschliche Eigenschaften gesammelt, wie zum Beispiel „treu sein" und schreibt diese auf Kärtchen, bei Bedarf ergänzt sie der Moderator. Diese Kärtchen können dann vom Kind ersteigert werden mit einer Währung, welche im Vorfeld erarbeitet oder mitgebracht werden kann (zum Beispiel Gummibärchen oder gemalte Geldscheine). Das Kind hat einen bestimmten Betrag zur Verfügung und muss sich nun dafür entscheiden, welche Eigenschaften es für sich möchte und wie viel sie ihm wert sind. Am Ende sollte über die Resultate diskutiert werden. Es sollte geklärt werden, ob das Kind mit den erstandenen Eigenschaften zufrieden ist oder es sich noch was wünschen würde (vgl. Ruhe, 2007).

- Eine weitere Möglichkeit wäre die Reflexion über das bestehende Wertesystem der Kinder. Sie können ihre Normen und/ oder Lebensziele aufschreiben und sie dann in einem sogenannten „Energiekuchen" (Ruhe, 2007, S.72) aufteilen. Die Frage ist, wofür setze ich mich am meisten ein und was tue ich, das mich am meisten von meiner Lebensenergie kostet? Wenn das Kind dann zu einem Ergebnis gekommen ist, ist es wichtig, es mit ihnen noch einmal zu besprechen, dies können die Kinder auch gegenseitig in Kleingruppen erörtern, falls mehrere Kinder teilnehmen.

Ziel: Die Kinder sollen sich ihrer eigenen Grundsätze, nach denen sie handeln, bewusst werden. Diese Übung soll auch die Möglichkeit geben, andere Meinungen zu hören und neue Einstellungen und auch Handlungsweisen kennen zu lernen. Kinder haben meistens Idole oder Vorbilder, deren Normen und Werte sie genau kennen und mit denen sie sich identifizieren. Sie können hier erfahren, dass auch Gleichaltrige häufig bewundernswerte Wesenszüge mitbringen und dass auch sie von anderen für manche Charaktereigenschaften beneidet werden.

Biografische Landkarten

In Zeiten, in denen berufliche Mobilität groß geschrieben wird und die Zahl der Trennungen und Scheidungen zunehmen, kann es sich häufen, dass Kinder und Jugendliche oft ihren Wohnort und ihr Umfeld wechseln müssen. Das bedeutet für die Kinder ein Herausreißen aus vielen bestehenden sozialen Netzwerken und ist umso schmerzhafter, je jünger die Kinder sind (vgl. Ruhe, 2007). Handelt es sich bei der Biografiearbeit um ein Kind, das schon einmal oder auch öfters den Wohnort wechseln musste, sollte dies Anlass zur Thematisierung geben.

Durchführung: Das Kind bekommt eine Landkarte, auf der alle Gebiete zu sehen sind, in denen es bereits gewohnt hat, und jetzt wohnt. Darauf soll es mit Hilfe des Anleiters ihre bisherigen Wohnorte eintragen und mit den zutreffenden Daten versehen. Auch die vorherigen Wohnorte der Eltern können festgehalten werden (vgl. Ryan; Walker, 2003). Damit es für das Kind noch anschaulicher und greifbarer wird, kann es Skizzen von den jeweiligen Wohnungen oder Häusern zu den Orten zeichnen und wichtige Erinnerungen und Erinnerungsstücke dazu malen.

Ziel: Das Kind soll ein Gefühl für die räumlichen Veränderungen bekommen, die es bereits hinter sich hat (vgl. Ryan; Walker, 2003). Biografiearbeit sollte sich mit den Gründen des Wohnortwechsels befassen, um dem Kind ein Verständnis dafür zu geben und ihm - trotz der vielen Veränderungen - die bleibenden Konstanten verdeutlichen.

Gebete und Gedichte

Durchführung: Es ist möglich Gedichte selber zu sammeln und sie in die Gruppe mitzubringen. Es gibt zahlreiche Gedichte, welche Emotionen ansprechen und sich auf ein spezielles Thema beziehen. Diese lassen sich leicht in jedes Stadium der Biografiearbeit einbauen. Auch das Kind kann nach eigenen oder bekannten Gebeten und Gedichten gefragt werden und diese selber beisteuern. Die Kinder lesen die Gedichte zweimal und versuchen dann, den Kern der Aussage herauszufiltern. Die eigenen Assoziationen zum Text sollen möglichst verbalisiert und festgehalten werden. Haben Kinder Schwierigkeiten ihre Gefühle und Gedanken in Worten auszudrücken, können sie das Gedicht oder Gebet auch malen oder auf andere Weise künstlerisch darstellen. Zum Schluss werden alle Ergebnisse, Arbeitsschritte und deren Gründe besprochen.

Ziel: Gebete und Gedichte sind in der postmodernen Welt rar geworden und das, obwohl sie genau das geben können, was manchen Jugendlichen fehlt und zwar Hoffnung und Zukunftsglaube. Gedichte und Gebete, welche die Kinder selbst kannten, haben einen ganz besonderen Vorteil. Sie sind verbunden mit Erinnerungen an die Zeit, als sie das Gebet/ Gedicht gelernt haben und damit Teil der eigenen Biografie (vgl. Ruhe, 2007). Gedichte und Gebete sprechen die emotionale Ebene besonders an, was das Erinnern fördert.

Rollenspiel

Durchführung: Alltagssituationen oder Umbruchsituation, wie der erste Schultag, können in Rollenspielen nachgespielt werden. Es können von den Kindern auch Situationen zu einem bestimmten Thema wie Kindergarten oder Familienfeste usw. ausgewählt werden (vgl. Lindmeier, 2006). Alternativ können auch passende Theaterstücke eingebracht werden, falls hierfür jemand entsprechende Vorlieben besitzt. Oft haben Kinder und Jugendliche Probleme damit, sich und ihre Geschichte vor jemand anderem zu präsentieren. Kein Kind sollte dazu gedrängt werden.

Ziel: Rollenspiele können Erinnerungen anregen und den bisherigen Blickwinkel auf die Dinge ändern. Sie helfen Kindern auch ihre Gefühle und Gedanken in Worte zu fassen. Wenn mehrere Kinder daran teilnehmen, können Situationen plötzlich, wenn sie von außen betrachtet werden, klarer erscheinen. Zudem können Rollenspiele die Stimmung auflockern und sehr lustig sein.

Diese Sammlung ist eine Auswahl zahlreicher Methoden, die leicht modifizierbar und auf verschiedenste Themengebiete anwendbar sind. Weitere Methodensammlungen finden sich in der einschlägigen Fachliteratur. Empfehlenswerte Werke sind unter anderem „Methoden der Biografiearbeit" von Hans- Georg Ruhe und „Wo gehöre ich hin?" von Tony Ryan und Roger Walker. Welche Methode der Anleiter anwendet, hängt von den Kindern ab und wird sich auch im Laufe der Biografiearbeit immer wieder verändern, je nachdem mit welchen Methoden die Kinder individuell am meisten anfangen können, das heißt, welche Übungen sie am meisten zum Erzählen anregen und mit welchen Ausdrucksformen sie sich am besten mitteilen können. Im letzten Kapitel werden weitere Methoden vorgestellt, welche speziell für die Biografiearbeit mit Kindern und Jugendlichen in Gruppen zusammengestellt wurden und darauf abzielen die Identitätsentwicklung der Kinder präventiv zu fördern.

2.5 Evaluation der Biografiearbeit

Gehen die Sitzungen ihrem Ende zu, sollte den Kindern verdeutlicht werden, dass sie jederzeit ihre Aufzeichnungen erweitern können. Die Entstehung einer Identität ist ein lebenslanger Prozess; Einstellungen, Vorlieben, Freunde usw. ändern sich mit dem Laufe der Zeit immer wieder. Für die Kinder ist es wichtig erfahren zu haben, dass sie etwas Stabiles und Konstantes in ihrem Leben erkennen, das sie selbst auszeichnet, und alles in ihrem Leben einen Sinn hatte. Die Teilnehmer sollten gelernt haben, ihre Biografie auf eine positive Art und Weise zu deuten und zu erzählen. Das Resultat, sei es eine CD, eine Hörspielkassette, ein Video, eine Erinnerungskiste oder ein Buch gehört alleine dem Kind, in ihm ist sein Leben dokumentiert, über das nur das Kind entscheidet und niemand sonst.

Inwieweit die Ziele bei den Kindern und Jugendlichen angekommen sind und welchen Nutzen sie aus ihrer Sicht daraus ziehen, kann durch unterschiedliche Vorgehensweisen erschlossen werden. Hier nur ein paar Beispiele:

Interview

Nach einer abgeschlossenen Durchführung kann es sinnvoll sein, gemeinsam mit dem Kind die Biografiearbeit noch einmal in Form eines narrativen, biografischen Interviews zusammenzufassen. Damit ist die Intention verbunden, Kinder zur Reflexion ihrer kompletten Lebensgeschichte anzuregen. Im Kindesalter sind sie es nicht gewohnt zu biografischen Rückblicken aufgefordert zu werden und viele Kinder werden damit Probleme haben. Die vorangegangene Biografiearbeit wollte hierfür allerdings einen gewissen Lerneffekt erzielen, der bei den betroffenen Kindern ersichtlich sein sollte.

Ein qualitatives Interview setzt aber „ein gewisses Maß an Sprachfertigkeit, kognitiver Kompetenz und Reflexionsbereitschaft voraus und stellt somit relativ hohe Anforderungen an die Kinder" (Krüger und Grunert in Behnken und Zinnecker, 2001, S.136). Bei der Auswahl der Form eines Interviews muss darauf geachtet werden, inwieweit diese Kriterien bei den Kindern entwickelt sind. Sechsjährige Kinder sind durchaus schon in der Lage über die Erfahrungen mit ihrer sozialen Umwelt zu berichten. Sie benötigen jedoch meistens Anregungen und Fragestellungen, um die Erzählungen lebendig und aufrecht zu erhalten. Narrative Interviews kamen bei unter Zehnjährigen noch nicht zur Anwendung, da vermutet wird, dass sie Schwierigkeiten bei der eigenen Konstruktion der Lebenszusammenhänge haben (vgl. Krüger und Grunert in Behnken und Zinnecker, 2001). Erfahrungen aus den Forschungsprojekten von Behnken et al. (1991) bzw. Krüger, Ecarius und Grunert (1994) wiederum zeigen, dass Zehn- bis Zwölfjährige durchaus schon in der Lage sind, über ihr bisheriges Leben zu berichten (vgl. Krüger und Grunert in Behnken und Zinnecker, 2001 nach Grunert und Krüger, 1999).

Das narrative Interview hat den Vorteil, dass es offen gehalten ist und es dem Befragten somit ermöglicht die gesamte Lebensgeschichte zu erzählen. Da es aber auch einige Kompetenzen von den Kindern abverlangt, kann diese Form des Interviews auch mit Hilfsmitteln kombiniert werden und damit den Erhebungsablauf unterstützen. Bei einem Interview im Anschluss an eine Biografiearbeit kann das Resultat zum Beispiel als Leitfaden verwendet werden. Kinder können sich auf diese Art und Weise an einem Ablauf und an bestimmten Themen orientieren und trotzdem durch die Besonderheit eines narrativen Interviews jederzeit neue Erzählungen hinzufügen.

Grunert und Krüger (2001) schlagen für die Eröffnung eines biographischen Interviews folgenden Erzählimpuls vor: „Ich möchte gerne wissen, wie Dein bisheriges Leben verlaufen ist. Erinnere Dich bitte an die Zeit, als Du noch ganz klein warst und erzähle doch einmal ausführlich Dein Leben von dieser Zeit an bis heute. Ich sage jetzt erst einmal gar nichts und höre Dir zu (Krüger, Ecarius&Grunert, 1994, S.230)" (Krüger und Grunert in Behnken und Zinnecker, 2001, S.134).

Inwieweit das Kind vom Interviewer Anregungen und Leitlinien bekommt, hängt immer vom Entwicklungsstand des Kindes ab. Auf keinen Fall sollten Kinder mit einem narrativen Interview in ihren kognitiven und sprachlichen Kompetenzen zwanghaft überfordert werden.

Gesprächskreis

Weiterhin wäre es denkbar mit allen teilnehmenden Kindern einen Gesprächskreis zu bilden und sie entweder frei über ihre Eindrücke der Arbeit berichten zu lassen oder sie mit Hilfe von offenen Fragen in der Gemeinschaft zur Reflexion untereinander anzuregen.

Fragebogen

Die Wirkungen einer Biografiearbeit können natürlich auch in schriftlicher Form abgefragt werden. Die Items sollten sich an den Teilzielen orientieren, welche durch die Methodenauswahl vor dem Beginn der Arbeit vom Leiter festgelegt wurden. Ein Beispiel hierfür stellt der Fragebogen zur Erhebung des Erfolges einer Biografiearbeit in Gruppen mit Kindern und Jugendlichen zur Identitätsentwicklung im nachfolgenden Kapitel dar.

3. Jugendsozialarbeit an Schulen und Biografiearbeit

3.1 Zielsetzung der Jugendsozialarbeit an Schulen (JaS)

Am 19.03.2002 hat der Ministerrat beschlossen, die „Jugendsozialarbeit an Schulen" (JaS) zu fördern; die Verantwortung hierfür obliegt dem Sozialministerium (vgl. Bayerisches Staatsministerium für Arbeit und Sozialordnung, Familie und Frauen, 2004). Jugendsozialarbeit ist eine Leistung der Jugendhilfe und wurde im §13 Abs. 1 SGB VIII festgelegt. „Jungen Menschen, die zum Ausgleich sozialer Benachteiligungen oder zur Überwindung individueller Beeinträchtigungen in erhöhtem Maße auf Unterstützung angewiesen sind, sollen im Rahmen der Jugendhilfe sozialpädagogische Hilfen angeboten werden, die ihre schulische und berufliche Ausbildung, Eingliederung in die Arbeitswelt und ihre soziale Integration fördern" (Bayerisches Staatsministerium für Arbeit und Sozialordnung, Familie und Frauen, 2004, S.11). Jugendsozialarbeit an Schulen wendet sich hiermit schwerpunktmäßig an Kinder und Jugendliche mit psychosozialen, familiären Problemen und Verhaltensauffälligkeiten und an diejenigen, deren erfolgreiche soziale Integration durch individuelle oder soziale Probleme erschwert ist.

Probleme und Defizite Jugendlicher können in der Schule anders als in Einrichtungen, wie beispielsweise der Erziehungsberatung, früher erkannt und durch das Leistungsspektrum der Jugendhilfe aufgefangen werden. Die Schule ist ein geeigneter Ort, jungen Menschen auf einer niederschwelligen Ebene Jugendhilfe anzubieten. Zudem kann das sozialpädagogische Fachpersonal Eltern oder andere Erziehungsberechtigte und auch Lehrer rechtzeitig erreichen, was die Voraussetzung für eine tragfähige Kooperation im Hilfeprozess ist. Jugendsozialarbeit an Schulen hat ihren Platz zwischen den Familien und der Schule des Kindes und kann somit im Einzelfall schnell agieren.

Mit verschiedenen Maßnahmen und Methoden will JaS dabei helfen soziale Benachteiligungen auszugleichen. Ihr Ziel ist es, Kinder und Jugendliche zu fördern, damit sie sich zu eigenverantwortlichen Persönlichkeiten entwickeln, die sich in Gemeinschaften zurecht finden. Dazu brauchen sie ein gewisses Maß an sozialen Kompetenzen, Arbeitstugenden und die Fähigkeit zur Konfliktbewältigung, bei deren Erwerb JaS unterstützend tätig ist. Durch Beratung der Schüler können ihre Kompetenzen zur Lebensbewältigung in Schule, Ausbildung und Beruf herausgestellt und bekräftigt werden. Erziehende werden bezüglich des Umgangs mit innerfamiliären Konflikten und Problemen im sozialen Umfeld beraten und erhalten Hilfestellung bei deren Bewältigung.

Methoden wie Soziale Gruppenarbeit, Anti-Aggressivitätskurse, Schülerstreitschlichterprogramme etc. ermöglichen der Jugendhilfe nicht nur ein intervenierendes, sondern auch ein präventives Agieren innerhalb der Schule, um schon frühzeitig Fehlentwicklungen entgegenwirken zu können. Hier besteht die Möglichkeit mit Biografiearbeit im Rahmen Sozialer Gruppenarbeit Identitätsarbeit zu leisten und somit umfangreich Themen zu besprechen, die den jungen Menschen beschäftigen.

3.2 Der Einsatz der Biografiearbeit an Schulen

Die Biografiearbeit als Identitätsarbeit ist eine geeignete Methode der Sozialen Arbeit, um Kinder und Jugendliche bei der Entwicklung einer eigenverantwortlichen Persönlichkeit zu unterstützen. Sie wird in der Praxis in Einzelberatungen und Gruppenarbeiten eingesetzt und kann in die Jugendsozialarbeit an Schulen integriert werden, was verschiedene Vorteile bietet. Gerade im Jugendalter bestehen häufig Ambivalenzen und Loyalitätskonflikte was die eigene Lebensgeschichte und das eigene „Ich" betrifft. Emotionale Schwierigkeiten Jugendlicher wirken sich auf ihr Sozialverhalten, ihr Wohlbefinden und den schulischen Erfolg negativ aus. Oft sind Eltern und Lehrer gegenüber unangepasstem Verhalten der Kinder ratlos. In der Auseinandersetzung mit der eigenen Biografie gelingt es Pädagogen häufig Zugang zu ihnen zu finden. Durch Erinnerungen an die Vergangenheit können Jugendliche selbst Antworten auf belastende Fragen zur Identität finden. Gelingt es ihnen, eine Kontinuität in ihrem Lebenslauf festzustellen und sinnvolle Zusammenhänge zu erkennen, fällt es ihnen auch leichter, sich in der Gegenwart zu definieren und einen Platz in einer Gemeinschaft einzunehmen. Biografisches Arbeiten trägt zu einem positiven Selbstwertgefühl bei und lässt die Jugendlichen hoffnungsvoll Zukunftspläne entwerfen. Indem Kinder gemeinsam mit einem Erwachsenen ihre Erfahrungen dokumentieren, lernen sie vieles über sich selbst. Ihnen können Probleme, Unstimmigkeiten, aber auch Talente, Besonderheiten, Eigenschaften, Stärken usw. bewusst werden. Der Kontext der Schule lässt für den Anleiter der Biografiearbeit und seine Teilnehmer die Möglichkeit offen, Fragen oder Erkenntnisse der Schüler mit wichtigen Beteiligten zu bearbeiten. So kann jederzeit mit Eltern, Lehrern, Mitschülern oder auch anderen Institutionen und Professionellen kooperiert und Konfliktbewältigungen können unterstützt werden. Identitätsarbeit fördert die soziale Integration und verbessert die dafür ausschlaggebenden Kompetenzen. Klingenberger (2003) bezeichnet die sogenannte „biographische Kompetenz" als eine der acht „Schlüsselkompetenzen für ein modernes Leben". In Zeiten der schnellen Weiterentwicklungen und des lebenslangen Lernens, nimmt auch die Fähigkeit, eine Kontinuität und einen Kohärenzsinn zu erkennen, an Bedeutung zu. Für Jugendliche besteht aufgrund einer Pluralisierung von Entscheidungsfreiräumen die Gefahr der Demoralisierung. Jugendliche erwerben mit einer biographischen Kompetenz die Fähigkeit, ihre Lebensgeschichte in sinnvollen Zusammenhängen zu konstruieren, neu zu erzählen und positiv umzuformulieren. Biografisches Arbeiten in Gruppen stärkt das Selbstvertrauen und ermutigt den Einzelnen zur Aneignung von grundlegenden Kompetenzen wie der Beziehungs- und Entscheidungsfähigkeit, des Konfliktmanagements, der Akzeptanz usw. Damit hat es in ihren Zielsetzungen einiges mit denen der Jugendsozialarbeit an Schulen gemeinsam und ist als präventives Projekt nicht nur einsetzbar, sondern auch erfolgversprechend. Zudem sind derartige Projekte nicht nur ausschließlich im Rahmen der Jugendhilfe denkbar. Aufgrund gravierender Veränderungen in den Familienstrukturen haben auch die Schulen ihre Angebote erweitert und setzen neue Projekte ein, um der steigenden erzieherischen Verantwortung gegenüber ihren Schülern gerecht werden zu können. Wie die notwendige Zusammenarbeit zwischen Schule und Jugendhilfe umgesetzt werden kann, zeigt die Broschüre „Gemeinsam geht's besser" des Bayerischen Staatsministeriums für Arbeit und Sozialordnung, Familie und Frauen auf, die zur Unterstützung der praktischen Umsetzung empfehlenswert ist.

4 Projekt: Die Entwicklung eines Curriculums „Biografiearbeit"

Das Projekt „Lebensbuch" startete im März 2007 an einer regulären Hauptschule. Das Lebensbuch ist eine Methode der Biografiearbeit mit Kindern und Jugendlichen. Es wurde als Präventivprojekt mit einer Mädchengruppe aus der Ganztagesklasse der Jahrgangsstufe 6 einer Regelhauptschule mit dem Ziel der Förderung des Selbstbewusstseins und der Identitätsentwicklung erprobt. Inhalte des Lebensbuches stellten sich zum einen aus einer Reihe chronologischer Lebensereignisse der Mädchen zusammen, die bei der Geburt begannen, den Kindergarten, die Grundschule und die Ganztagsschule beinhalteten und bis zu den Berufs- und Zukunftswünschen reichten. Zum anderen enthielten sie Auseinandersetzungen mit der eigenen Gefühlswelt, den Beziehungen zur Familie und zu Freunden, eigene Norm- und Wertevorstellungen etc.. Die Intention des Projektes war es, dass die Mädchen in ihren Lebensbüchern die wichtigsten Erfahrungen in ihrer Biografie zusammenfassten und sich ihrer Einstellungsmuster und Gefühlswelt bewusst wurden. Sie sollten die Freude am eigenen Ich entdecken und ihre Vergangenheit unter einem positiven Licht beleuchten können. Das „Lebensbuch" selbst konnten sie am Ende als Resultat mit nach Hause nehmen, um in Zeiten der Unsicherheit immer wieder reinschauen und Halt in der eigenen Identität finden zu können.

Im Folgenden wird als Erstes über die Rahmenbedingungen des Projekts informiert, im zweiten Teil wird die Gruppe vorgestellt. Zielsetzung, Methodik, Inhalt und die Durchführung werden in Teil drei erläutert. Es werden auch zahlreiche Beispiele und Resultate der Arbeit der Mädchen im dritten Teil vorgestellt. Zum Schluss der Ausführungen werden Ergebnisse vorgestellt.

4.1 Rahmenbedingungen zur Durchführung des Projekts

Die Biografiearbeit lief unter dem Namen Projekt „Lebensbuch" ein halbes Jahr lang bis zu den Sommerferien an der einer regulären Hauptschule.
Die Schülerinnen wurden dabei im Rahmen ihrer Klasse hauptsächlich von zwei Lehrerinnen betreut, welche auch bei persönlichen Problemen Ansprechpartner waren. Zur weiteren Unterstützung war ich als sozialpädagogische Kraft sieben Stunden pro Woche mit dieser Gruppe befasst. Ich plante das Projekt „Lebensbuch",

führte es durch und leitete die wöchentlichen Sitzungen. Zudem wurden die Eltern über das Projekt, seine Vorgehensweise und die Zielsetzung informiert. So konnten somit zahlreiche Fragen der Schülerinnen nach den Sitzungen zu Hause abgefangen werden. Ich war neben dem Projekt in weiteren Schulklassen an der selben Schule eingesetzt und war damit die ganze Woche über für die Schülerinnen bei auftretenden Problemen erreichbar und verfügbar.

Die Sitzungen fanden wöchentlich an einem festgelegten Tag zur gleichen Zeit statt. Dies ermöglichte es auch, sich immer im gleichen Raum zu treffen, was mit der Zeit eine gewisse Routine im positiven Sinne mit sich brachte. Arbeitsmaterialien, Spiele, Erinnerungsstücke usw. konnten so nach Belieben dort aufbewahrt werden und standen dadurch auch für spontane Änderungen und Aktionen immer bereit. Tische und Stühle konnten je nach Methode verstellt werden und auch Medien wie Tafeln, Overheadprojektoren, Flip-Charts usw. standen ausreichend zur Verfügung. Der Raum befand sich im Schulhaus. Er war hell, bunt eingerichtet und nicht zu groß, wodurch er auch nicht wie ein typisches Klassenzimmer wirkte, sondern eher zu einem gemütlichen Beisammensein einlud. Weil die regelmäßigen Treffen nachmittags stattfanden und alle anderen Schüler der Hauptschule bereits Schulschluss hatten, war es auch sehr ruhig und es war möglich ungestört zu arbeiten. Ein wichtiger Aspekt war auch, dass trotzdem auf andere Räumlichkeiten wie den Pausenhof, den Sportplatz, die Grünanlage oder die Turnhalle ausgewichen werden konnte, so dass zum Beispiel bei anstrengenden Schultagen oder heißem Wetter vor, während oder nach der Biografiearbeit auch abwechslungsreiche Freizeitangebote gestaltet werden konnten, welche den Schülerinnen Spaß machten. Dies half dabei, das Projekt Lebensbuch von der Reihe der Pflichtfächer abzuheben, denn hinter dieser Arbeit sollte kein Zwang stehen, sondern Freude an der eigenen Lebensgeschichte.

4.2 Zusammensetzung der Schülerinnengruppe

Insgesamt nahmen 13 Mädchen im Alter von 12-14 Jahren am Projekt „Lebensbuch" teil. Sie alle besuchten die gebundene Ganztagesklasse in der 6.jahrgangsstufe der Hauptschule Zwiesel und werden im kommenden Schuljahr in die regulären 7.Klassen der Hauptschule übertreten, da eine Ganztagesklasse nur in der 5. und 6. Jahrgangsstufe gegeben ist. Dies bedeutet für die Schülerinnen, dass sich ihr gesamter Tagesablauf ändert und sie ab dem nächsten Jahr eigenständig und alleine ihre Hausaufgaben bewältigen müssen. Aber nicht nur die schulischen Gegebenheiten ändern sich. Die meisten sind vor zwei Jahren in die Ganztagesklasse gewechselt, weil ihre Eltern berufstätig sind und sich nicht den ganzen Tag um sie kümmern konnten. In den letzten zwei Jahren der Ganztagesklasse gingen die Mädchen mittags zusammen essen, erledigten ihre Hausaufgaben und teilweise den Lernstoff in der Schule gemeinsam und konnten in der Gruppe an Freizeitangeboten teilnehmen, bevor sie um ca. 16 Uhr von ihren Eltern abgeholt wurden. Nun wird von ihnen verlangt eigenständiger zu werden und sich selbst den ganzen Nachmittag sinnvoll zu beschäftigen. Das ist für die Mädchen viel neugewonnener Freiraum und gleichzeitig eine hohe Anforderung, gerade in der Anfangsphase zur Pubertät, in der die Mädchen stecken.

Alle 13 Mädchen leben bei mindestens einem leiblichen Elternteil. Die Hälfte der Kinder erfuhren in den ersten Lebensjahren eine Trennung oder Scheidung der Eltern und leben nun entweder bei dem alleinerziehenden Elternteil oder, was häufiger der Fall ist, zusammen mit einem Stiefelternteil. Nur zwei der Mädchen sind auch schon einmal in eine andere Stadt umgezogen.

Die Mädchen kennen sich alle seit Beginn der Ganztagesklasse vor zwei Jahren und verbringen während der Schulzeit jeden Tag miteinander. Manche kennen sich schon seit dem Kindergarten und verbringen ihre Freizeit auch außerhalb der Schule zusammen. Es ist verständlich, dass sich manche Mädchen mehr mögen und andere eher nicht leiden können. Die Freundschaften innerhalb der Gruppe schwanken von Zeit zu Zeit in ihrer Dauer und Intensität, im Kern bleiben sie aber bestehen. Das führte dazu, dass sich tendenziell kleine Untergruppen von zwei bis drei Mädchen bildeten. Dies war für die Biografiearbeit in keiner Weise störend, da Streitigkeiten und Reibereien zwar vorkamen, aber nicht in Feindseligkeiten ausarteten. Wenn die Themen zu persönlich wurden, um sie vor der gesamten Gruppe anzusprechen, konnten sich die Mädchen aufteilen und ihre Erfahrungen mit denjenigen austauschen, bei denen sie sich auch wohl damit fühlten.

Sie alle stehen am Beginn ihrer Pubertät und während der Ganztagesbetreuung wurde deutlich, dass die Mädchen schon mit zahlreichen typischen Fragen zu kämpfen hatten. Wer zählt zu meinem Freundeskreis? Welcher Gruppe schließe ich mich an? Bin ich eher ein Typ, mit dem man Pferde stehlen kann oder verbringe ich meine Freizeit lieber ruhiger? Wie sehen mich die anderen? Was will ich? Für was trete ich ein? Was wird aus mir?

Die Mädchen hatten Konflikte zu lösen, in denen sie sich nicht sicher waren, was richtig und was falsch war. Einerseits wollten sie verinnerlichte Werte und Normen durchsetzen und andererseits wussten sie nicht, ob sie dann noch beliebt waren und ob ihnen das nicht wichtiger sein musste. Sie waren sich in vielen sozialen Situationen unsicher, was sie teilweise enorm belastete, da sie den ganzen Tag in der Gruppe verbringen mussten. Den Mädchen wurde Biografiearbeit angeboten, um sie bei Fragen der Identitätsklärung zu unterstützen, ihr Selbstbewusstsein zu stärken und sie beim Übergang von der Ganztagsbetreuung in die Regelhauptschule zu begleiten. Der Zeitpunkt erschien optimal, da Kinder in der Pubertät und bei Veränderungen im Leben äußerst sensibel für derartige Angebote sind (vgl. Maywald, 2004).

4.3 Zielsetzung für das Curriculum

Das Projekt „Lebensbuch" hat in der Schule eine präventive Aufgabe übernommen.

Viele Mädchen trafen immer wieder typische Schwarz-Weiß-Aussagen über ihre Vergangenheit. Sie wussten zu wenig über die tatsächlichen Gründe der Trennung der Eltern oder über Familienstreitigkeiten, deshalb gingen sie häufig vom Schlimmsten aus und gaben sich selbst auch die Schuld daran, was zu Gefühlen der Minderwertigkeit führen konnte (vgl. Maywald, 2004). Schlechte Erfahrungen werden selten vergessen, sie werden höchstens verdrängt und beeinflussen jeden, indem sie im Unterbewusstsein immer präsent sind und sich weiterhin und häufig ein ganzes Leben lang belastend auf den Menschen auswirken. Das Erzählen kann dem Kind helfen Vergangenes zu rekonstruieren und die Geschichte umzuschreiben. Oft verlieren Kinderphantasien und auch negative Erlebnisse ihre Gefährlichkeit schon alleine dadurch, dass die Kinder sie jemandem erzählen und sie sich damit sprichwörtlich von der Seele reden (vgl. Maywald, 2004). Biografiearbeit bietet hierfür viele Methoden, um die Mädchen anzuregen, sich mit ihren Erlebnissen zu befassen, sie auf unterschiedliche Arten mitzuteilen, sie von außen zu betrachten und sich mit ihnen zu versöhnen.

Wenn Kinder ihre Vergangenheit kennen und überblicken können, wenn sie ihre Erfahrungen auf eine positive Weise in ihr gegenwärtiges Ich integrieren lernen, dann fällt es ihnen auch leichter, hoffnungsvoll in die Zukunft zu gehen.

Betrachten die Mädchen ihr Leben als konsistentes Ganzes und werden sie sich klar über sich selbst, so hilft ihnen das auch in der Gegenwart. Sie verstehen Zusammenhänge und können sich selbst und andere besser einschätzen, was ihre Weiterentwicklung fördert (vgl. Wiemann, 2007). Das Begreifen der eigenen Lebensgeschichte unterstützt das persönliche Wachstum und die Identitätsfindung. Zudem hat die Biografiearbeit den Effekt, dass sich sowohl die Kinder selbst als auch andere Menschen mit ihren Erfahrungen, Ängsten, Erfolgen usw. beschäftigen, wodurch die Mädchen unbedingte Wertschätzung, Würdigung und Interesse an ihrer Lebensgeschichte erfahren (vgl. Lattschar, 2007). Auch die Arbeit in der Gruppe soll gewisse Wirkungen mit sich bringen. Die Mädchen bekommen in diesem Rahmen die Möglichkeit zum Erfahrensaustausch. Sie werden auf ähnliche Probleme und Gedanken stoßen und bemerken, dass sich diese alleine damit schon verringern lassen.

Die Mädchen sollen sich als wertvolle Menschen angenommen fühlen, ihr Selbstvertrauen soll gestärkt werden und sie sollen Hilfe bei der Einordnung ihrer momentanen Lebenssituation bekommen. Das Projekt „Lebensbuch" hat zum Ziel, die Mädchen bei der Identitätsentwicklung zu unterstützen, wobei die Freude am Erkunden des eigenen Ichs zur zentralen Aufgabe gehört.

Zusammengefasst ist das übergeordnete Ziel der Biografiearbeit die Bildung eines positiven Identitätsgefühls und die Stärkung des Selbstbewusstseins der Mädchen. Bei der Anwendung der Methode wurde in kleine, realistische Teilziele untergliedert, die mit konkreten Spielen, Gesprächen und Aufzeichnungen erreicht werden sollen. Folgendes Schema gibt einen Überblick über Methoden (gelb unterlegt) und Ziele (blau unterlegt):

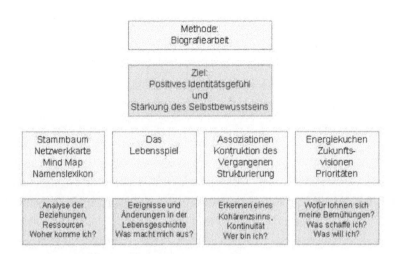

Abb.4: Schema über Methoden und Ziele der Biografiearbeit

Das Endziel der Biografiearbeit mit Kindern und Jugendlichen in diesem Projekt ist es, dass die Mädchen ein positives Identitätsgefühl zu entwickeln lernen und ihr Selbstbewusstsein gestärkt wird. Da dies nur schrittweise erreicht werden kann, wurde das Ziel (hellblau unterlegt) in vier Teilziele (blau unterlegt) untergliedert, denen es sich mit verschiedenen Methoden anzunähern gilt. Finden die Mädchen am Ende eines Abschnittes (gelb unterlegt) eine für sie befriedigende Antwort auf die Fragen (blau unterlegt), dann gilt das Teilziel als erreicht. Im nächsten Teil werden einzelne Inhalte, welche die methodischen Abschnitte (gelb) bilden, näher beschrieben.

4.4 Methodik, Inhalt und Durchführung

Der Einstieg

Als Vorbereitung zum Projekt bekamen die Schülerinnen einige Informationen über den Inhalt, den Verlauf und die Zielsetzung der Biografiearbeit. Dazu wurden sie in kleineren Gruppen zusammengefasst, damit ich mich als Moderatorin besser auf den Einzelnen konzentrieren und alle Fragen befriedigend beantworten konnte. Die Mädchen gingen in eine Gruppe, die sich gut verstanden und unter denen bereits ein Vertrauensverhältnis zu beobachten war. Dies erleichterte die Arbeit enorm, da sich die Schülerinnen schon zu Beginn viel mehr sagen trauten, als Kinder, die niemanden in der Gruppe kennen. Auch ich kannte bereits alle Teilnehmerinnen und konnte über die letzten Wochen damit beginnen, Beziehungen zu den Schülerinnen aufzubauen.

Der Erwachsene, welcher die Biografiearbeit anwendet, wird in einschlägiger Fachliteratur auf unterschiedliche Weise bezeichnet, da prinzipiell jeder Erwachsene diese Methode mit den Kindern durchführen kann. Leiter, Anwender, Moderator, Erwachsener, Berater, Therapeut, Pädagoge sind einige der gängigen Betitelungen. In diesem Projekt sehe ich mich in meiner Funktion als Moderatorin und Beraterin, welche die Kinder und Jugendlichen bei der Erstellung ihres Lebensbuches begleitet und deshalb verwende ich nachfolgend diese Bezeichnungen.

Beim ersten Treffen wurde den Schülerinnen noch einmal die Idee des Lebensbuches vorgestellt. Damit für alle geklärt werden konnte, auf was sie sich einlassen, wurden auch die zentralen Voraussetzungen für die Erstellung des Lebensbuches mit den Schülerinnen erarbeitet und besprochen. Meine Rolle als sozialpädagogischer Kraft wurde den Mädchen verdeutlicht. Meine Tätigkeit war begleitend, unterstützend und moderierend, nicht aber dominant und korrigierend. Den Schülerinnen fiel dies am Anfang schwer im schulischen Kontext zu verstehen, denn sie neigten immer wieder dazu nachzufragen, ob sie Einträge auch wirklich abweichend von allen anderen gestalten dürften. Es musste deutlich herausgestellt werden, dass dies ein freiwilliges Projekt ist und sie ein Buch über ihr Leben entwerfen, das nur ihren eigenen Vorstellungen gerecht werden muss und ohne ihrer Erlaubnis auch von niemandem angesehen werden darf. Den Mädchen wurde auch erklärt, dass die im Rahmen dieser Veranstaltung gestellten Aufgaben Anregungen darstellen und nicht durchgeführt werden müssen, wenn sie dies nicht wollen. Sie durften alle Fragen beantworten, wurden aber nicht dazu gedrängt etwas zu sagen, das sie nicht wollten. Dies gilt für alle nachfolgend ausgeführten Treffen. Die Mädchen beteiligten sich freiwillig und konnten jederzeit ohne Begründung eine Methode auslassen. Auch die Teilnahme an Kleingruppengesprächen und den Diskussionen der gesamten Gruppe war freiwillig. Einzelgespräche mit der Beraterin waren bei dringenden Fragen und Problemen auch unter der Woche möglich. Die Mädchen beschlossen zusammen Informationen, welche sie in dieser Veranstaltung über andere Schülerinnen erfuhren, nicht in der Schule herumzuerzählen. Von der Moderatorin bekamen alle eine Schweigepflicht zugesichert, die auch gegenüber den Lehrern Geltung hatte.

Für den Umgang der Schülerinnen untereinander wurden Regeln aufgestellt, für deren Einhaltung die Moderatorin zu sorgen hatte:

<u>Regeln für das Projekt „Lebensbuch"</u>

Wir lassen jeden ausreden!
Niemand wird ausgelacht!
Keiner muss etwas erzählen, was er nicht erzählen will!
Jeder gestaltet sein Lebensbuch, so wie es ihm gefällt!
Wir erzählen nicht herum, über was wir hier reden!

Die Schülerinnen konnten sich anhand eines Ablaufplans einen Überblick verschaffen. Dies war sehr wichtig für die Transparenz des Projektes, denn alle Kinder sollten wissen um was es geht und was sie die kommenden Wochen erwartet. Es wurde noch einmal betont, dass die Methoden und Themen sehr offen gehalten und Wünsche und Anregungen der Schüler immer berücksichtigt werden. Die Methoden sollten abgeändert oder erweitert werden können, je nachdem, welche Themen auch für die Mädchen relevant und aktuell waren. Wie oben bereits beschrieben, fanden die Sitzungen wöchentlich ein Schulhalbjahr lang statt und sie orientierten sich an folgendem Themenaufbau, der auch den Mädchen vorgestellt wurde:

<u>Das Lebensbuch – Ein Überblick</u>

1. Treffen: Allgemeine Informationen, Regeln und Übersicht
              Erstellen eines Stammbaumes oder einer Netzwerkkarte
              Vorschlag bis zum nächsten Mal: Familienfotoalben anschauen, Fotos mitbringen
2. Sitzung: Fortsetzung der Entwürfe des Stammbaumes und der Netzwerkkarte
              Vorstellung der Fotos, Einkleben ins Lebensbuch, Erzählungen
3. Sitzung: Fortsetzung der Entwürfe des Stammbaumes und der Netzwerkkarte
              Vorstellung der Fotos, Einkleben ins Lebensbuch, Erzählungen
4. Sitzung: Arbeiten mit der Netzwerkkarte: Änderungen und Bedeutungen

	TEST: „Hast du die falschen Freunde?"
	Brainstorming: Wie müssen Freunde sein?
5. Sitzung:	Exkurs: Ferienerlebnisse, Brainstorming „Ferien ist eine Zeit zum..."
	Namenslexikon
6. Sitzung:	Übersicht über bisherige und ausstehende Sitzungen
	Gestaltung und Vorstellung des „Lebensspieles"
7. Sitzung:	Das „Lebensspiel"
8. Sitzung:	Das „Lebensspiel", Einzel- und Gruppengespräche zum Lebensspiel
9. Sitzung:	Sammeln von Erinnerungen und Fakten zum Thema Kindergarten, Vergessene Wörter und Lieder, Rollenspiele
	Vorschlag fürs nächste Mal: Gegenstände aus vergangener Zeit zu Hause suchen
10. Sitzung:	Schule: Fantasiereise, Assoziationsübungen zur Grundschule
11. Sitzung:	Schule: Übergang zur Hauptschule, Gefühlskarten
12. Sitzung:	Gegenwart und Zukunft: Energiekuchen
13. Sitzung:	Prioritäten- und Erbsenspiel
14. Sitzung:	Fortsetzung des Erbensspieles und Berufspantomime
15. Sitzung:	Unser Abschlussfest und Fragebögen

Erstellen des Lebensbuches

1.-5. Sitzung: Netzwerkanalyse

Als sich die Teilnehmer des Lebensbuches zum ersten Mal in diesem Rahmen trafen, bekamen die Schülerinnen, wie schon angesprochen, einige Informationen zum Ablauf in den nächsten Wochen. Nachdem alle Fragen beantwortet und die Regeln zwischen den Gruppenmitgliedern abgesprochen waren, begann die Sozialpädagogin mit dem methodischen Teil der Sitzung. Den Mädchen wurden verschiedene Anregungen gegeben wie sie ihr Buch gestalten können und womit es sich lohnen könnte zu beginnen. Wichtig war dabei, dass alle in einem Teil soziographische Daten als Fundament festhielten. Was sie genau alles darunter fassten und was ihnen persönlich als wichtig erschien, blieb den Mädchen selbst überlassen. Zudem bekamen sie drei Vorschläge, welche sie zur Darstellung ihrer Verwandtschaftsbeziehungen und/oder des sozialen Umfeldes ins Lebensbuch aufnehmen konnten.

Ob die Kinder ihre Familie lieber zeichnerisch in einem Baum oder Ähnlichem oder ausschließlich durch Worte, Striche und Zeichen wie in einem Genogramm darstellten, blieb ihre Entscheidung. Die Mädchen bekamen Malblöcke, Stifte, Kleber und andere Bastelgegenstände zur Verfügung gestellt und konnten ihre Verwandtschaft und ihre Beziehungen zu Familienmitgliedern künstlerisch darstellen. Wichtig ist, dass sie eine Grafik entwerfen konnten, die ihnen vor Augen führte, dass sie selbst einen Platz in ihrer Familie einnehmen und es war für Kinder interessant zu erfahren, welcher Platz das ist, und zu begreifen, dass sie fest dazugehören.

Eine alternative oder zusätzliche Möglichkeit war es eine Netzwerkkarte zu erstellen. Dies wurde von den Schülerinnen meist bevorzugt, weil sie dadurch nicht nur Familie und Freunde darstellen, sondern auch ihre Beziehungen und Konflikte zum Ausdruck bringen konnten. Sie malten hierzu ein Schaubild aus ineinander gezeichneten Kreisen, deren Durchmesser nach innen immer kleiner wurde, der Mittelpunkt stellte das eigenen Ich dar. Den Kreis unterteilten sie in die vier Abschnitte Familie, Freunde, Schule und Sonstige. Danach trugen die Mädchen in Kleingruppen oder alleine, mit Hilfe von Gesprächen und Anregungen oder ohne, sämtliche Menschen zusammen, die in ihrem Leben eine Rolle spielen und schrieben sie unter das Schaubild. Im Anschluss daran wurden alle Personen an ihrem Platz im jeweiligen Viertel eingetragen. Der Abstand zum Mittelpunkt symbolisiert die Intensität der Beziehung der Person zu der Schülerin. Innige Kontakte werden an den kleineren Kreisen weiter innen und unbedeutendere an den größeren weiter außen eingezeichnet. Wie sich eine Beziehung gestaltet, kann durch Striche (gezackt, gestrichelt,...) markiert werden, denn es können auch Personen eine sehr große Rolle spielen, obwohl die Beziehung zu ihnen momentan von Konflikten belastet ist (vgl. Buchholz-Graf, 2006). Die Mädchen haben nun damit begonnen ihre sozialen Beziehungen zu analysieren, sie sehen bildlich vor sich wie sich ihre Umwelt zusammensetzt, welche Ressourcen sich daraus für sie ergeben und an welchen Stellen belastende Beziehungen zu finden sind. Manche Mädchen tauschten sich selbstständig in Kleingruppen über ihr Ergebnis und mögliche Änderungswünsche aus, andere suchten das Gespräch während der Sitzung mit dem Erwachsenen und wieder andere redeten zu Hause mit Freunden und Eltern über ihre bewussten Erkenntnisse. Einmal im Monat hielten die Mädchen Änderungen in ihrem Netzwerk fest. Diese waren nicht zwingend, wurden aber regelmäßig, alle vier Wochen, zu Beginn der Sitzungen angesprochen, damit die Netzwerkkarte präsent blieb. Die Mädchen reflektierten dadurch ganz bewusst ihre Beziehungen und stellten fest, ob sich jemand momentan zurückzieht, ob sie eine Person die letzten Wochen öfter kontaktierten usw. Um die Änderungen in die Netzwerkkarte einzutragen, erstellten alle zusammen eine Legende.

Als sich die kreativen Tätigkeiten vervollständigten und sich die Gespräche über die Netzwerkkarte klärten, machte die Moderatorin die Schülerinnen in der Gruppe nochmals auf die Unterstützung durch ihr Netzwerk aufmerksam. Die Frage war, an wem wenden sich die Mädchen, wenn sie Probleme haben und woran erkennen sie, zu wem sie das meiste Vertrauen aufgebaut haben. Die Schülerinnen bekamen folgende Fragen, die jeder für sich beantwortete und die nachher besprochen wurden:

- Zu wem würdest du gehen, um dort zu übernachten, wenn dein Haus wegen der Schneekatastrophe einsturzgefährdet ist? (Diskussion: Wie war es letztes Jahr, als in deiner Region Katastrophenalarm ausgelöst wurde? Wo warst du, was hast du zu der Zeit gemacht?)
- Von wem würdest du dir eine CD leihen?
- Bei wem würdest du dich zum Essen einladen, wenn deine Eltern keine Zeit zum Kochen haben?
- Mit wem würdest du dich über persönliche Probleme unterhalten?

Dies führte die Gruppe schon selbstständig zu einem Brainstorming über wichtige Eigenschaften, die Freunde ihrer Ansicht nach haben sollten/müssen. Die Mädchen wurden durch einen Test aus einer Teenagerzeitschrift an die Thematik weiter herangeführt. Dieser Test stellte Fragen darüber, wie man sich in einer guten Freundschaft verhalten sollte und endete mit einer Feststellung über die Freundschaftsfähigkeit der Person, die den Test ausfüllte. Diese Resultate waren für die Mädchen meist unzufriedenstellend und sie begannen damit eigene Vorstellungen über die Beziehungen zu Freunden aufzuzeichnen. Eine Gruppendiskussion half den Kindern abschließend bei der Orientierung ihrer Sichtweisen in Bezug auf funktionierende Freundschaften und stellte heraus, dass Freunde von Zeit zu Zeit wechseln, aber immer wichtige Ressourcen darstellen und die Entwicklung beeinflussen. Die Mädchen merkten auch, dass die Medien gewisse Werte und Normen vermitteln. Den Zeitschriften standen sie skeptisch gegenüber und die meisten Schülerinnen zogen daraus den Schluss, den Test als ungültig zu betrachten.

In den ersten Sitzungen befassten sich die Schülerinnen mit sich selbst, indem sie als Deckblatt für das Lebensbuch meist ihre soziographischen Daten, in Form eines Steckbriefes, wie es Schüler aus den gängigen Poesiealben kennen, verwendeten. Sie setzten sich aber auch mit ihrem sozialen Umfeld und ihren zwischenmenschlichen Beziehungen auseinander, wofür sie Stammbäume und Netzwerkkarten erstellten. Dabei brachten alle Kinder viele Fotographien von zu Hause mit. Die Mädchen stellten die meisten Bilder vor und stellten Verknüpfungen zu Erlebnissen her. Sie hatten Freude daran der Gruppe von ihren Erinnerungen zu erzählen und stellten schöne Erfahrungen sehr in den Vordergrund, was dazu führte, dass sie ihre Lebensgeschichte positiv beleuchteten. Auch wenn ihnen zwischendurch unerfreuliche Themen eingefallen sind, überwogen letztendlich die positiven, weil die auf großes Interesse bei ihren Mitschülerinnen gestoßen sind. Belastende oder unangenehme Erfahrungen der Kinder wurden allerdings immer von der Beraterin aufgegriffen und besprochen. Das Aussprechen der Erinnerungen nahm ihnen bereits den belastenden Einfluss, den sie auf das Mädchen hatte, und die Schülerinnen bekamen durch die Reaktionen der anderen eine realistische Einschätzung ihrer Vergangenheit.

Die Assoziationen durch Fotographien öffneten die unterschiedlichsten Themenbereiche der Kinder. Faszinierend fanden die Mädchen allerdings ihre Babyfotos, was vielleicht auch damit zusammenhing, dass viele auch wenig über ihre ersten Lebensmonate wussten oder bisher noch nicht bewusst ihre Eltern dazu befragt hatten. Dies holten die meisten Kinder nun nach und kamen eine Woche später mit vielen Informationen von ihren Eltern oder anderen Bezugspersonen in die Schule zurück. Vieles wurde in Kleingruppen ausgetauscht und die Moderatorin lenkte einen Schwerpunkt auf die Namensgebung, welche in den Lebensbüchern der Mädchen bisher des öfteren von zentraler Bedeutung war. Es wurde gemeinsam mit den Schülerinnen ein Tafelbild erstellt, welches Fragen enthielt, die sie bis zur nächsten Sitzung beantworten sollten.

- ➢ Hast du deine Geburtsurkunde?
- ➢ Wann und wo wurdest du getauft?
- ➢ Wer hat deinen Namen ausgewählt? Gefällt er dir oder wünschst du dir einen anderen?
- ➢ usw.

Diese Art von Hausaufgabe war freiwillig und ihre Anwendung zielte darauf ab, die Mädchen zum Nachfragen und zu Gesprächen mit ihren Eltern anzuregen. Die Geburtsurkunde ist eine Dokument des eigenen Ichs und die Auseinandersetzung fördert ein bewusstes Identitätsgefühl. Die Mädchen waren sehr neugierig darauf, wer für ihren Namen verantwortlich war und manche waren sehr überrascht über die neuen Informationen, die ihnen ihre Eltern lieferten. Mit einem Namenslexikon konnte die Beraterin den Schülerinnen dabei helfen, die Herkunft und Bedeutung ihres Namens festzustellen und sie in ihr Lebensbuch einzutragen.

Bevor mit dem nächsten methodischen Abschnitt begonnen wurde, fasste die Moderatorin bisherige Themen noch einmal zusammen und gab den Mädchen die Möglichkeit, ihre bisherigen Eintragungen im Lebensbuch vorzustellen oder alleine noch einmal durchzusehen, um den Zusammenhang zu erkennen. Sowohl in Einzel- als auch in Gruppengesprächen war danach erkennbar, wie intensiv die Mädchen ihre Beziehungen analysierten und wie sie sich mit ihrer Herkunft auseinander setzten.

6.-8. Sitzung: Das Lebensspiel

Mit den Kindern wurde zu Beginn - zur allgemeinen Orientierung - wiederholt der Ablaufplan der Biografiearbeit durchgesprochen. Als nächstes gestalteten die Teilnehmerinnen gemeinsam ein Brettspiel. Die Zielsetzung des Spiels war die Einführung in die folgenden Themen und das weitere Heranführen der Mädchen an das autobiographische Erzählen. In der Vorbereitung hat die Moderatorin bereits 100 Fragen entworfen und sie in die vier Bereiche Familie, Kindergarten, Schule und Zukunft zusammengefasst. Aufgabe der Schülerinnen war es nun ein Spielfeld zu entwerfen, welches einen Weg mit Punkten für alle Fragen in vier gekennzeichneten Feldern bietet. Die Gruppe suchte, nachdem sie das Ziel und die Vorgehensweise des Spiels erfahren hatte, einen geeigneten Titel dafür und nannte es das „Lebensspiel".

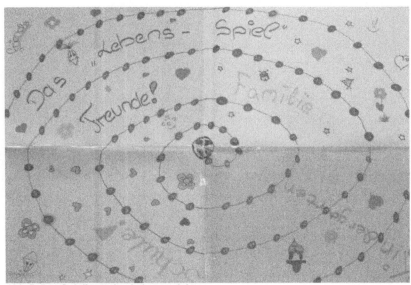

Abb.5: Das Spielbrett des Lebensspieles

Die Mädchen teilten sich in vier Gruppen auf, bekamen einen Würfel, eine Spielfigur und einen Fragenkatalog mit ungefähr 33 Fragen zu jedem Themenbereich. Nun konnte es los gehen. Jede Gruppe würfelte einmal und zog mit ihrer Figur, dabei konnte sie entweder ein schwarzes oder ein rotes Feld treffen. Auf den schwarzen Feldern war einer aus der Gruppe an der Reihe, eine Frage vorzulesen und eine andere Gruppe zur Beantwortung auszuwählen. Die Gruppenmitglieder einigten sich untereinander, wer oder ob sie alle diese Frage beantworten möchten. Es sind Fragen zu einzelnen Abschnitten in ihrem eigenen Leben. Die rotmarkierten Felder enthalten zirkuläre Fragen über den momentanen Gefühlszustand der anderen Mädchen und haben den positiven Nebeneffekt eines Gummibärchens. Eine Liste aller Fragen ist im Anhand A zu finden. Die Gestaltung und die Durchführung des Lebensspiels nahm drei Sitzungen in Anspruch, hätte aber ausgeweitet werden können, wenn mehr Zeit zur Verfügung gestanden hätte. Den Schülerinnen machte es großen Spaß auf diese spielerische Weise über ihre Erfahrungen zu berichten und es förderte somit das Reflektieren der eigenen Lebensgeschichte. Das Lebensspiel sollte die Kinder anregen über Ereignisse und Veränderungen in ihrem bisherigen Leben nachzudenken. Die Moderatorin hatte dabei die Aufgabe zu hinterfragen, wie sich die Schülerinnen gefühlt haben und was gewisse Erfahrungen für sie bedeuteten. Sie unterstützte die Mädchen darin, ihre biographischen Änderungen und Erlebnisse positiv zu deuten und zu formulieren. Zirkuläre Fragen trugen zur Sensibilität gegenüber Gefühlsausdrücken bei und förderten die Beziehungsentwicklung zwischen den Gruppenteilnehmerinnen. Das Lebensspiel beabsichtigte bei den Schülerinnen ein Bewusstsein darüber zu fördern, welche Erfahrungen sie selbst geprägt haben, was zu biografischem Arbeiten gehört und wie autobiographische Erzählungen wirken können. In Gruppen- und teilweise Einzelgesprächen wurden Fragen und Probleme von der begleitenden Erwachsenen und den Eltern aufgefangen (vgl. Lindmeier, 2006).

9.- 11. Sitzung: Kindergarten und Schule

Als Einstieg bekamen die Mädchen einige Fragen über den Standort des Kindergartens, die Dauer, Abholrituale, Bezugspersonen, Freunde, usw., die es leichter machen sollten sich an ihre Kindergartenzeit zu erinnern. Zudem sammelten sie in der Gruppe sogenannte Vergessene Wörter. Damit sind Ausdrücke gemeint, welche die Kinder in diesem Alter benutzt haben und die sie schon lange nicht mehr verwenden. Die meisten Mädchen schilderten viele Erlebnisse und andere hingegen waren ziemlich ruhig und äußerten sich nur negativ über ihr Leben vor der Schule. Zu den Vergessenen Wörtern fiel jedoch allen etwas ein und die Ausdrücke brachten auch jede zum Lächeln, was positivere Gedanken weckte. Die Worte waren vielfältig und gingen von Mihaha (Pferd), Nana (Mama), Schmetterschling (Schmetterling) über bissi (bisschen), Kalbon (Balkon) bis zu Pungkulu (Pumuckl) und Klopper (Hammer). Erinnern sollten sich die Mädchen auch an Lieder, die für sie im Kindergarten typisch waren. Diese wurden dann teilweise von ihnen selbst vorgetragen. Sie lockerten die Stimmung in der Gruppe auf, trugen zu einem Gemeinschaftssinn bei und weckten solche Erinnerungen, von denen die Schülerinnen gemeint hätten, sie seien nicht mehr zu erreichen.

Nachdem den Schülerinnen der Einstieg in die vergangene Kindergartenzeit gelungen war, wurde der Raum für Rollenspiele umgestellt. Ein Mädchen konnte sich vier oder mehr Teilnehmerinnen aussuchen und gab ihnen dann eine Anleitung wie sie sich in ihren Rollen verhalten sollten. Die Teilnehmerinnen spielten unter Regie des Mädchens einen typischen Kindergartentag aus dem Leben des Mädchens vor, wobei sie zum Beispiel die Rolle der Mutter, der Erzieherin, der besten Freundin oder des Mädchens selbst übernahmen. Die Schülerinnen waren begeistert von dieser Methode, deshalb wurde die nachfolgende Naturkundestunde noch für die Rollenspiele genutzt. Jedes Mädchen hatte die Möglichkeit ihren damaligen Tagesablauf darzustellen und ihn von außen zu beobachten. Rollenspiele regen Erinnerungen an, bieten mehr Distanz zum Erlebten durch eine objektivere Sicht der Dinge, und bieten den Schülerinnen Verbalisierungshilfen.

Bis zum nächsten Treffen bekamen die Schülerinnen den Auftrag Rumpelkammern, Dachböden und Kellerräume aufzusuchen, mit dem Ziel einen Gegenstand zu entdecken, den sie mit ihrer Kindergartenzeit verbinden und der unmittelbar Erinnerungen hervorruft. Dieser wurde am Anfang der nächsten Sitzung auf einem Tisch in der Mitte des Raumes präsentiert und die dazugehörige Geschichte von den Kinder erzählt (vgl. Ruhe, 2007). Ein zwölfjähriges Mädchen brachte den Spielfilm Bambi mit und wollte der Gruppe auch erzählen, weshalb sie diese Kassette ausgewählt hatte. Diese war ihr ausgesprochen wichtig, da sie den Film mit fünf Jahren immer angesehen hatte, wenn sie wegen der Scheidung ihrer Eltern traurig war. Obwohl sie den Film heute nicht mehr ansieht, hat er wegen des symbolischen Wertes einen festen Platz in ihrem Zimmer. Zum Abschluss des Themas Kindergarten tauschten sich die Mädchen in Kleingruppen darüber aus, wie es ihnen in ihrem Kindergarten gefallen hat, und was Vor- und Nachteile gegenüber der Schule waren.

Da es im Rahmen einer regulären Schule nicht möglich war, Orte mit den Kindern zu besuchen, die für sie von Bedeutung waren, wurde dies zum Thema Schulzeit durch eine Fantasiereise zurück in die Grundschule ersetzt. Die Schülerinnen schlossen ihre Augen und hörten Entspannungsmusik. Die Moderatorin las eine kurze Geschichte aus einem Kinderroman über Erfahrungen der Einschulung vor und bat sie dann zu ihrem eigenen Einstieg in die Grundschule gedanklich zurückzukehren. Im Anschluss daran schrieben die Mädchen ihre subjektiv wichtigsten Erinnerungen stichpunktartig auf Karteikarten, tauschten diese untereinander aus und formulierten daraus Erzählungen. Erkannte eine Schülerin in einer Geschichte ihre Gedanken wieder, konnte sie sich dazu äußern oder aber anonym bleiben. Es kam häufig vor, dass die Mädchen aus den Wörtern eine Geschichte bildeten, die mit den Intentionen des Verfassers der Stichpunkte nicht genau übereinstimmte. In diesem Fall meldeten sich die Schülerinnen und gaben die Erzählung auf ihre eigene Art und Weise wieder. Dabei konnten die Schülerinnen erkennen, dass es entscheidend von der Formulierung abhängt, aus welchem Blickwinkel die Lebensgeschichte betrachtet wird. Nachdem alle Äußerungen auf den Karteikarten über die ersten schulischen Erfahrungen in der Gruppe angemessen zur Kenntnis genommen und zusammen mit der Erwachsenen besprochen wurden, teilten sich die Teilnehmerinnen in beliebige Kleingruppen auf und tauschten sich abschließend über ihre bisherige Schulerfahrung aus.

12.-15. Sitzung:
Beim 12. Treffen waren die Mädchen in ihrer Gegenwart angekommen. Sie sollten, als Grundlage für das Herausarbeiten ihrer Lebenswünsche und- ziele, veranschaulicht bekommen für was sie im Alltag ihre Energie benötigen. In einer theoretischen Einführung in das Thema wurde ihnen der Unterschied zwischen einem positiven Energieaufwand, der Freude macht und sich selbst lohnt, und einem negativen Energieverbrauch, welcher sich für die eigene Selbstverwirklichung nicht lohnend

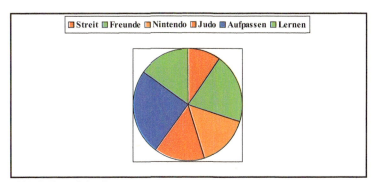

Abb.6: Energiekuchen

auswirkt oder sogar schädigend ist, erklärt. Die Mädchen stellten schnell fest, dass ihnen mancher Energieaufwand auch aufgezwungen wird, ohne ihnen vorher die Möglichkeit einer Entscheidung zu bieten. Da gibt es die Schule, Eltern oder auch Freunde, die einen Kraftaufwand nötig machen, den Schülerinnen gerne vermeiden würden. Nun sollten sich die Mädchen überlegen, für welche Menschen, Themen, Hobbys, Lebensabschnitte oder Ereignisse sie Energie aufgebracht haben und diese schriftlich festhalten. Nachdem die Schülerinnen diese Liste erstellt hatten, sollten sie die Themen in prozentuale Teile gliedern, die dem Kraftaufwand, den sie dafür benötigten, entsprachen. Dazu zeichneten sie einen sogenannten Energiekuchen und teilten ihn in entsprechend viele, unterschiedlich große Stücke (vgl. Ruhe, 2007).

Ein Beispiel:

Das Mädchen reflektierte gedanklich ihren Alltag und stellte sechs Konstanten fest, für die sie unter der Woche die meiste Energie aufbrachte. Als erstes nannte sie ihre Freundschaften, die sie gerne pflegte und woran sie Freude hatte. Für ihre Freunde gab sie an, am meisten Kraft zu brauchen und teilte ihnen deshalb einen größeren Bereich in ihrem Energiekuchen zu. Sie sagte, dass sie von ihren Freunden unterstützt werde, wenn sie Probleme hätte und sich aus diesem Grund auch immer für diese Zeit nehme und den Energieaufwand als positiven sehe und deshalb grün markiere. Das Lernen interpretierte sie ebenso als einen lohnenden Kraftaufwand, da sie viel Wert auf einen guten Schulabschluss legte, um später eine größere Berufsauswahl zu haben. Den Bereich des Aufpassens malte sie blau an, weil sie sich nicht sicher war, ob sie ihn zu den positiven oder negativen Energieaufwendungen zählen sollte. Das Mädchen hat sechs Geschwister und lebt mit ihnen bei ihrer alleinerziehenden Mutter. Einerseits, so erzählte sie, möge sie alle und beschäftige sich gerne mit ihren jüngeren Schwestern und Brüdern, andererseits hätte sie manchmal auch gerne mehr Zeit für sich alleine und würde nicht so gerne zu Hause helfen. Es war ihr anzumerken, dass sie ein schlechtes Gewissen hatte, wenn sie davon sprach lieber etwas anderes zu tun, als auf die kleineren Geschwister aufzupassen, da sie die anstrengende Situation ihrer Mutter bemerkte und der Meinung war, dass sie ohnehin genug Freiheiten hatte. Sie machte für sich selbst den Kompromiss ihrer Mutter Hilfe anzubieten, aber auch eigene Interessen zu berücksichtigen und ihrer Mutter davon zu erzählen. Dies tangierte auch die beiden nächsten Bereiche, welche eindeutig rot hinterlegt wurden. Das Mädchen nahm regelmäßig Judounterricht und es wurde schnell deutlich, dass ihr diese Stunden nicht gefielen und für sie unnötigen Krafteinsatz bedeuteten. Auf weiteres Nachfragen der Moderatorin hin erklärte das Mädchen, dass sie ihrer Mutter zuliebe die Judoschule besuche, da diese davon ganz begeistert sei. Mittlerweile nerven sie allerdings die wöchentlichen Unterrichtsstunden und sie beginnt deshalb gehäuft mit ihrer Mutter zu streiten, zu der sie sonst ein gutes Verhältnis habe. Diese Streitigkeiten würden sie belasten und ihr teilweise die Lust nehmen sich bei gemeinsamen Aktivitäten mit ihrer Familie zu beteiligen. Sie spiele dann auch öfter zu Hause mit ihrer Nintendo-Spielkonsole, das ihr zwar Spaß mache, das sie aber dennoch nicht als sinnvolle

Freizeitbeschäftigung sieht. Nachdem das Mädchen ihren Energiekuchen betrachtete und ihn in Kleingruppengesprächen ihren Mitschülerinnen erklärte, war sie unzufrieden und hatte das Bedürfnis in einem Einzelgespräch über mögliche Änderungen zu sprechen. Sie nahm sich vor weniger Nintendo zu spielen und dafür wieder mehr Kontakt zu ihren älteren Geschwistern zu suchen, mit denen sie des öfteren Unternehmungen plante. Mit ihrer Mutter wollte sie bezüglich des Judotrainings sprechen, um mit ihr gemeinsam eine Alternative zu finden, mit der beide zufrieden sein können.

Diese Methode zielt darauf ab, den Schülerinnen bewusster zu machen für welche Themen sie ihre Energie aufwenden. Dadurch können die Mädchen ihren Alltag reflektieren, sowohl Ressourcen als auch Schwächen erkennen und es fällt ihnen leichter eigene Änderungswünsche festzustellen und umzusetzen. Eingefahrene Verhaltensmuster und Gewohnheiten in den Familien können durch das Erstellen eines Energiekuchens offengelegt und wenn nötig aufgearbeitet und durch alternative Themen ersetzt werden. Die Mädchen haben die Möglichkeit sich auf diese Art und Weise bewusst die Frage zu stellen, was sie erreichen möchten und wofür sich ihre Bemühungen lohnen. Viele der Mädchen waren unzufrieden mit Teilbereichen ihres Lebens, häufig mit ihren Schulnoten und dem verlorenen Anschluss in einigen Fächern und waren der Meinung nichts daran ändern zu können. Ihnen konnte aufgezeigt werden, dass es einfach sein kann auf zwei Stunden Langeweile unter der Woche zu verzichten und dafür freiwillig angebotene Förderstunden zu nutzen. Die Freizeit leidet nicht darunter und auf längere Sicht, kann dies einen erheblichen Vorteil mit sich bringen. Den Schülerinnen kann aufgezeigt werden, dass sie ihre Zukunft beeinflussen und vieles schaffen können, wenn sie daran arbeiten und sich dafür einsetzen.

Neben dem Bewusstsein über den eigenen Energieverbrauch ist es für die Mädchen interessant festzustellen, welche Eigenschaften sie tatsächlich haben und wie sie gerne sein möchten. Lebensziele können sich widersprechen und verlangen Kompromisse, um vereinbart werden zu können. Dies ist schwierig, da es eine Vielzahl von Haltungen und Eigenschaften gibt. Das Erbsenspiel ist eine Methode, mit Hilfe derer die Mädchen eine fiktive Identität entwerfen können, um sie dann in einem zweiten Schritt zu reflektieren und zu verändern (vgl. Ruhe, 2007). Die Mädchen sammelten zum Einstieg in das Thema ihnen bekannte Einstellungen und fassten sie schriftlich zusammen. Sie begannen ihre Charaktere zu beschreiben und versuchten alle Wesenszüge zu integrieren, die sie bisher hörten und die ihnen sympathisch zu sein schienen. Dies führte zu keinem eigenen Selbst, wie die Schülerinnen merkten. Um sie dabei zu unterstützen mehr Klarheit zu gewinnen, stellte ihnen die Moderatorin eine Auswahl zahlreicher Eigenheiten vor. Die Mädchen bekamen jeweils zehn Erbsen, mit denen sie in einer Auktion bevorzugte Eigenschaften ersteigern konnten. Sie mussten abwägen, wie wichtig ihnen bestimmte Wesenszüge sind und wie viele Erbsen sie bereit sind dafür abzugeben. Nach der Auktion bekamen die Mädchen die versteigerten Haltungen und Werte symbolisch auf Karteikarten und fügten diese zu einem Ganzen zusammen. Die Ergebnisse waren teilweise zufriedenstellend und bedurften teilweise Gespräche und Erweiterungen. Eine Liste der ersteigerten Eigenschaften ist im Anhang B zu finden.

Zum Abschluss der Biografiearbeit stellte sich für die Mädchen die Frage wie sie ihre Zukunft gestalten möchten. Viele der Schülerinnen fühlten sich durch ihren Hauptschulbesuch bereits stark eingeschränkt, was ihre beruflichen Chancen betrifft. Die Moderatorin zeigte ihnen auf, welche Chancen ihnen offen stehen und wie berufliche Ziele erreicht werden können. Anschließend stellten die Mädchen ihren Mitschülerinnen mit einer aktivitätsorientierten Methode der Biografiearbeit ihre Berufswünsche vor (vgl. Lindmeier, 2006). Sie zeichneten entweder an der Tafel, umschrieben Begriffe mit Worten oder stellten ihren Wunschberuf alleine oder in Gruppen pantomimisch dar, bis er von den anderen erraten wurde. Die Mädchen machten sich Gedanken über ihre eigene Zukunft und ihre Berufswünsche. Die spielerische Vorgehensweise machte ihnen Spaß und trug zu einer positiven Beziehung unter den Schülerinnen bei.

Das letzte Treffen wurde als Abschlussfest für die Gruppe genutzt. Die Teilnehmerinnen sahen sich das Gesamtwerk ihres Lebensbuches an und fassten noch einmal alle Inhalte zusammen.

4.5 Ergebnisse

Nach Abschluss der Biografiearbeit ließ sich aus den gemeinsamen Treffen, den Einzel- und Gruppengesprächen und den Lebensbüchern der Mädchen eine abschließende Bewertung ziehen.

Es war zu beobachten, dass die Schülerinnen zu Beginn des Projektes aufgeschlossen gegenüber dieser Methode waren und ein halbes Schuljahr lang ehrgeizig an ihren Lebensbüchern arbeiteten. Die bereits bestandenen Beziehungen und die Möglichkeit für die Teilnehmerinnen sich jederzeit in selbstgewählte Kleingruppen zurückzuziehen, erleichterte es den Mädchen von Anfang an offener über ihre Erfahrungen und Gefühle zu sprechen. Die Beziehung zur Beraterin vertiefte sich im Laufe der Biografiearbeit und die daraus entstandene positive Bindung war bei anderen schulischen Förderstunden, sowie Einzelberatungen der Schülerinnen von Vorteil.

Das Erstellen von Netzwerkkarten, Genogrammen und Lebensgrafiken und die dazugehörige Sammlung von Fotografien war für die Mädchen teilweise eine ganz neue Erfahrung und wurde mit Interesse aufgenommen. Jede der Schülerinnen suchte in dieser ersten Phase der Analyse der Beziehungen und der Ordnung des Vergangenen Einzelkontakt zur Beraterin und wünschte sich Feedback. Das Hervorheben ihrer Ressourcen in diesen Einzelgesprächen verschaffte ihnen mehr Selbstvertrauen und Motivation gegenüber der weiteren Reflexion und Dokumentation ihrer Lebensgeschichte. Untereinander tauschten sich die Schülerinnen in der Gruppe rege über ihre Meinungen zu Freundschaften und die Bedeutung ihrer Namen aus. Es war zu erkennen, dass sie sich um eine Abgrenzung zu den anderen bemühten und ihre Individualität herauszustellen und zu begründen versuchten. Die Eltern spielten eine große Rolle, denn viele Schülerinnen fragten erstmals ganz bewusst zu Hause nach, warum sie geboren wurden, wie die erste Zeit mit ihnen war usw. Allen Mädchen gelang es, auf unterschiedlichste Weise, ihren eigenen Platz in ihrem sozialen Netzwerk darzustellen und somit eine erste Antwort auf die Frage nach ihrer Herkunft und ihrem eigenen Ich zu beantworten.

Das Lebensspiel stellte sich nicht nur als Einführung, wie es anfangs geplant war, sondern als vollständige und effektive Methode der Biografiearbeit heraus und wurde spontan auf mehrere Sitzungen ausgeweitet. Dieser spielerische Ansatz förderte den Gruppenzusammenhalt und die Fähigkeit des Erinnerns und Erzählens enorm. Die Schülerinnen benutzten die einzelnen Fragen als Anregungen für die Reflexion ganzer Lebensabschnitte und interessierten sich gleichermaßen für die Erzählungen ihrer Mitschülerinnen. Sie gaben sich gegenseitig Ratschläge, wie man mit traurigen Erfahrungen umgehen könnte, und ermutigten sich wechselseitig zum Weiterreden. Die Beziehungen zwischen den Mädchen entwickelten sich auf dieser

Basis bis zum Ende der Biografiearbeit weiter und stellte für alle ein Unterstützungsnetzwerk dar. Die Unterteilung des Lebensspieles in die vier Bereiche Kindergarten, Schule, Familie und Zukunft bewirkte eine Auseinandersetzung mit den Veränderungen und den Konstanten im Lebenslauf. Die Mädchen erklärten in Gesprächen nach dem Spiel, dass sie sich an viele Ereignisse, Freundschaften und Erfahrungen erinnerten, die sie geprägt haben und an denen sie erkennen würden, warum sie heute etwas gerne täten, jemanden sympathisch fänden oder ihnen etwas Angst mache. Die Erzählungen der Mädchen über die Verknüpfung von positiven, vergangenen Erfahrungen mit der Gegenwart war ein Zeichen dafür, dass sie eine Stabilität in ihrer Lebensgeschichte erkennen und sich damit auseinandersetzen, was sie ausmacht.

Um die Gesamtheit der Erinnerungen der Mädchen zu strukturieren, ging es chronologisch weiter mit dem Thema Kindergarten. Mit Hilfe der bereits beschriebenen Methoden wie den Vergessenen Wörtern oder der Fantasiereise stellten die Schülerinnen Assoziationen her. Die eine Hälfte der Gruppe war sehr sensibel für das Erinnern an Worte, Lieder und Ähnliches und zeichneten ihre Erinnerungen häufig alleine und auf eine kreative Art und Weise auf. Die andere Hälfte suchte das Gespräch mit den Teilnehmerinnen und der Moderatorin und bildeten Kleingruppen, um sich zusammen an den gemeinsamen Kindergarten und weiteres zu erinnern. Es fiel den Mädchen nicht einfach einen übergeordneten Zusammenhang zu erkennen, dies wurde nur durch kontinuierliches Aufzeichnen und fortwährende Reflexion in der Gruppe mit der Moderatorin möglich. Es war allerdings zu beobachten, dass die Mädchen einen Überblick über ihren bisherigen Weg bekamen und dies eindruckvoll zur Kenntnis nahmen. Schritt für Schritt entwickelte sich auch die Neugierde nach der Frage, wo der Lebensweg hingeht und an was sie sich orientieren sollten.

Jugendliche haben selten eine konkrete Lebensplanung und können bei den zahlreichen alternativen Lebensstilen, die sie in einer modernen Gesellschaft haben, leicht überfordert werden. Die Mädchen besuchen kommendes Schuljahr keine Ganztagsklasse mehr und bekommen somit mehr Eigenverantwortung, was ihre Freizeitgestaltung und das Arbeits- und Lernverhalten betrifft.

Der Energiekuchen und das Erbsenspiel verdeutlichte den Mädchen, wofür sie derzeit ihre Kraft aufbringen und was ihnen wichtig ist. Die Visualisierung mit der jeweiligen Technik brachte die Schülerinnen zum Staunen über die tatsächlichen

Ergebnisse. Viele waren mit ihrer Freizeitgestaltung in Anbetracht dessen, was sie erreichen möchten, unzufrieden. Die Schülerinnen holten wiederholt bei der Moderatorin, aber auch untereinander, Rat ein, wie sie ihre freie Zeit lohnenswerter nutzen können und fanden befriedigende Lösungen für sich selbst.

Allgemein konnte beobachtet werden, dass die Schülerinnen Antworten auf die Fragen „Woher komme ich?", „Was macht mich aus?", „Wer bin ich?" und „Was will ich?" finden konnten. Die Identitätsentwicklung dauert ein Leben lang an und auch ein stabiles Identitätsgefühl wird sich erst im Erwachsenenalter herausbilden. Jedoch konnten die Mädchen altersgemäß ihre Situation zu ihrer Zufriedenheit klären, positivere Bindungen zu Mitschülern, Eltern, Lehrern und Betreuern aufbauen und durch das erfahrene Interesse, die Wertschätzung und Empathie mehr Selbstbewusstsein aufbauen. Ihnen wurde ein Weg aufgezeigt mit Veränderungen und Erfahrungen umzugehen und die Schülerinnen haben ihn aufmerksam und mit Interesse aufgenommen. Für den Übergang von der Ganztagsklasse mit ihren vertrauten Schülerinnen in eine neu gemischte Regelklasse im nächsten Jahr, konnte die Biografiearbeit eine vorteilhafte Grundlage bilden. Die Ziele der Biografiearbeit zur präventiven Förderung der Identitätsentwicklung wurde in diesem Schulhalbjahr zufriedenstellend erreicht. Der Zeitraum war aufgrund der Ferien etwas kurz und es wäre sicherlich von Vorteil ein vergleichbares Projekt aus der Biografiearbeit über ein ganzes Jahr, auch den folgenden Ganztagsklassen, anzubieten.

Die Mädchen beurteilten ihrerseits das Projekt „Lebensbuch" mittels eines Fragebogens, der aus sieben Teilbereichen bestand:
- Soziografische Daten
- Freude an der Biografiearbeit
- Wirkungen des Projektes
- Die Moderatorin
- Selbsteinschätzung
- Zufriedenheit
- Offene Bewertungsfragen

Die Auswertung ergab zufriedenstellende Ergebnisse für ein halbes Jahr Biografiearbeit in der Schule. Im Wesentlichen fand sich unter den Antworten eine Bestätigung für die oben genannten Ziele dieses Projektes. Die Mädchen legten nach den angewendeten Methoden ein erstaunlich gutes Reflektionsvermögen bezüglich der behandelten Themen an den Tag. Sie schilderten Erlebnisse und Erfahrungen aus einer anderen Sicht und stellten verschiedene Aspekte ihrer Kindheit aus unterschiedlichen Perspektiven dar.

Danach gefragt, was ihnen am Projekt Lebensbuch gefallen hat, waren die Antworten vielschichtig. Den einen gefiel es Aufmerksamkeit, Wertschätzung und Interesse ihrer Vergangenheit gegenüber zu erfahren und berichteten gerne über Erinnerungen, Erlebnisse und Gefühle. Andere fanden es spannend die Lebensgeschichten ihrer Mitschülerinnen kennen zu lernen und hatten Freude an abwechslungsreichen Spielen. Viele Mädchen schrieben, dass es sie glücklich machte über Vergangenes nachzudenken und dass sie festgestellt hätten, wie viele Menschen es tatsächlich in ihrer Umgebung gibt, auf welche sie sich verlassen können und die für sie da sind. Ein Mädchen beschrieb das Lebensbuch folgendermaßen:

„In meinem Lebensbuch sehe ich, was ich alles habe. Ich sehe, wie viele Menschen ich habe, die mir wichtig sind und denen ich wichtig bin. Ich wusste nicht, dass ich schon soviel erlebt habe und für das, was ich kann, beneidet werde. Ich habe Freude am Leben!"

Die Kritik orientierte sich überwiegend an den Räumlichkeiten. Die Mädchen bedauerten es immer im Schulhaus sitzen zu müssen und zu wenig draußen in der Natur zu sein. Zudem hätten sie gerne einen lockereren Zeitrahmen gehabt und die Mathematikstunden mit Biografiearbeit ersetzt.

Allgemein entstand der Eindruck, dass die Mädchen Freude an der Arbeit mit ihrer Lebensgeschichte hatten, gerne von sich selbst erzählten und das Lebensbuch als Resultat gerne und stolz mit nach Hause genommen haben.

5 Ausblick

Die Biografiearbeit ist aber nicht nur, wie im Projekt beschrieben, für Mädchen eine Möglichkeit zur Förderung der Identitätsentwicklung, sondern auch grundsätzlich für Jungen in diesem Alter geeignet. Es muss allerdings offen bleiben, ob Jungen gleichen Alters für die weiter oben beschriebene Art der Methodik ebenso empfänglich sind und in der Gruppe zum Beispiel eine ähnliche Begeisterung für das Sammeln von Babyfotos aufbringen. Da die einzelnen Methoden sehr variabel sind ,könnten diese durchaus an eine Jungengruppe und deren Interessen angepasst werden. Dies gilt es in der Praxis allerdings -genauso wie die Biografiearbeit in einer gemischt geschlechtlichen Gruppe- noch zu erproben. Wichtig für den Anleiter wäre es hierbei, die Kinder vorher gut kennen zu lernen und eine bewusste Auswahl der Gruppenzusammensetzung zu treffen, damit eine Vertrauensbasis zwischen allen Teilnehmern geschaffen werden kann. Im Vorfeld müsste eine Methodenauswahl getroffen werden, die den Möglichkeiten der Kinder entspricht und ihren Entwicklungsstand berücksichtigt.

Die erwachsene Person, welche eine Biografiearbeit an einer Schule durchführt, muss im Umgang mit Kindern gut ausgebildet sein und sollte Erfahrungen in der Gesprächsführung und der psychosozialen Arbeit mit Kindern und Familien mitbringen. Aufgrund des gedanklichen Erforschens der Vergangenheit können Erinnerungen und individuelle Probleme hervorgerufen werden, welche die Kinder nicht alleine verarbeiten und bewältigen sollten. Wird eine Biografiearbeit begonnen muss sichergestellt sein, dass der Anleiter, als Vertrauensperson bis zum Ende verfügbar ist und jederzeit auftretende Probleme mit dem Kind bearbeiten kann. Hierfür braucht die Schule qualifiziertes Personal, welches sensibel genug für die Themen der Biografiearbeit und den möglicherweise auftretenden Problemlagen ist. In jedem Fall sollte es sich um pädagogisches Fachpersonal mit einschlägiger Erfahrung handeln. Eine Möglichkeit zur Sensibilisierung des Personals wäre eine Selbsterfahrung mit der Arbeit an der eigenen Biografie. Auf diese Art und Weise kann die Bewusstheit für erinnerungsauslösende Methodiken und ihre Auswirkungen auf die momentanen Emotionen gefördert werden. Des Weiteren gibt es Fortbildungen zur Biografiearbeit oder verwandten Themen. Doch nicht nur die unmittelbar betreuende Person, sondern auch die Schulleitung und die betroffenen Lehrkräfte sollten sich über die Methodik der Biografiearbeit informieren und mit deren Durchführung einverstanden sein. Eine Zusammenarbeit zwischen Pädagogen und dem Lehrpersonal ist unerlässlich und auch die Elternarbeit gehört als ein fester Bestandteil der Arbeit an emotionalen Erinnerungen dazu. Es kann auch vorkommen, dass bestehende Probleme im Kontext der Schule oder der Jugendsozialarbeit nicht geklärt werden können und die Familie weiter vermittelt werden muss. Der Anleiter muss aus diesen Gründen die verschiedenen Einrichtungen und Institutionen der Kinder-, Jugend- und Familienhilfe und deren Aufgabenbereiche kennen.

Nicht zuletzt muss die Vertraulichkeit der Biografiearbeit in der Schule gewährleistet werden. Alle dokumentierten Ergebnisse, wie z.B. das „Lebensbuch" sollten nur dem Kind alleine gehören und von ihm selbst aufbewahrt und nicht an Dritte weitergegeben werden. Im Vorfeld kann eine Schweigepflicht - auch gegenüber der Schule – vereinbart werden, welche die Kinder vor möglichen Stigmatisierungen schützen kann.

Biografiearbeit kann an jeder Schule durchgeführt werden, welche alle notwendigen organisatorischen, räumlichen, zeitlichen und personellen Voraussetzungen hierfür erfüllen kann. Besonders geeignet erscheinen Ganztagsschulen, da diese meist über genügend Flexibilität und Freiraum im Stundenplan verfügen, und Schulen an denen Jugendsozialarbeit vorhanden ist, da diese meist geeignetes Personal haben und eine notwendige Kooperation zwischen Sozialer Arbeit und Schule oft gegeben ist. Des Weiteren finden sich dort, häufig Kinder wieder, welche empfänglich für die Arbeit an der eigenen Lebensgeschichte sein können, da die Eltern aus diversen Gründen wenig Zeit für die Kinder aufbringen können oder die Kinder bereits durch unangepasste Verhaltensweisen oder diverse andere Probleme aufgefallen sind.

Das Arbeiten an der eigenen Lebensgeschichte kann sich jedoch bei jedem Kind während der Schulzeit fördernd auf seine Identitätsentwicklung auswirken, da alle Kinder das Bedürfnis haben von sich und ihren Erlebnissen zu erzählen.

Jeder Mensch ist aufgrund seiner Lebensgeschichte einzigartig und unverwechselbar. Erwachsene setzen sich in kritischen Situationen oder Wendepunkten meist mit ihrer Biografie auseinander und verarbeiten ihre Eindrücke mit Erzählungen. Sie werden von neuen Bekanntschaften der Interesse wegen nach ihrer Vergangenheit befragt oder es suchen Freunde Rat in den Erfahrungen des anderen. Von Kindern und Jugendlichen wird das Reflektieren ihrer Lebensgeschichte meistens nicht abverlangt. Gerade im Jugendalter ist das Erkennen des eigenen Ich von zentraler Bedeutung (vgl. Lattschar). Können Kinder und Jugendliche ihre Biografie klären und einen Sinnzusammenhang darin entdecken, bietet dies die Basis zur persönlichen Weiterentwicklung und Selbstverwirklichung.

Die zunehmende Individualisierung und Enttraditionalisierung macht unsere Gesellschaft immer unübersichtlicher. Der Erwerb eines gestärkten Selbstbewusstseins und eines positiven Identitätsgefühls gestaltet sich für Jugendliche, zwischen einer Pluralität möglicher Lebensstile, schwieriger als noch vor zwanzig Jahren. Veränderungen in den Familienstrukturen führten zu mehr erzieherischer Verantwortung der Schulen (vgl. Bayerisches Staatsministerium für Arbeit und Sozialordnung, Familie und Frauen, 2004).

Diese gesellschaftliche Entwicklung führte zu einem gerechtfertigten Anstieg der Unterstützungsangebote an den Schulen. Seitens der Jugendhilfe wurde Jugendsozialarbeit an Schulen aufgrund der zunehmenden Klientel weiter ausgebaut. Doch auch Offene, Gebundene und Teilgebundene Ganztagsschulen, Praxisklassen und andere kooperative Formen zwischen Schule und Sozialer Arbeit nehmen weiterhin zu. Die Studie zur Entwicklung von Ganztagsschulen (StEG) belegte erste positive Wirkungen der neuen Hilfeformen an Regelschulen in Bezug auf familiäre Situationen und Schwierigkeiten. Schulische Leistungsfähigkeit kann durch Fördermaßnahmen gesteigert werden, braucht allerdings als Grundlage eine Lernbereitschaft, welche durch eine wertschätzende, kooperationsbereite Beziehung zum Lehrpersonal entstehen kann.

Die Erfahrung zeigte, dass die Methode der Biografiearbeit eine Möglichkeit zur Bildung tragfähiger Beziehungen ist, das Selbstbewusstsein stärkt und durch biographische Selbstreflexionen die Identitätsentwicklung der Kinder und Jugendlichen fördert. Eine geklärte Lebensgeschichte lässt die Jugendlichen hoffnungsvoll in die Zukunft blicken und hilft ihnen dabei einen Kohärenzsinn zu erkennen.

Die Einführung der Biografiearbeit ist daher für alle Kinder in Regelschulen zu befürworten und lässt nach diesem ersten Versuch weitgreifende Erfolge für die Entwicklung von Kindern und Jugendlichen vermuten.

6 Anhang

Übersicht

A) Fragen zum Lebensspiel

- Freunde und Klassenkameraden
- Familie
- Kindergarten
- Schule – Beruf – Zukunft
- Zirkuläre Frage

B) Liste der ersteigerten Eigenschaften

C) Schülerinnenfragebogen

A) Fragen zum Lebensspiel

➢ Freunde – Klassenkameraden

1. Hast du viele Freunde in deiner Nähe?
2. Was schätzt du an deinen Freunden?
3. Gibt es eine „beste" Freundin?
3. Hast du wenige gute Freunde oder viele weniger intensive Freundschaften?
5 Welches war dein schönstes Erlebnis mit einer Freundin/ einem Freund?
7. Gibt es einen Menschen, der dich durch seine Art begeistert?
8. Gibt es eine Eigenschaft einer Freundin, die du auch gerne hättest?
9. Glaubst du, gibt es jemanden, der von dir begeistert ist?
10. Hast du verschiedene Freunde für verschiedene Bereiche?
12. Wem aus deinem Freundeskreis würdest du um Hilfe bitten?

42. Verlässt du dich mehr auf eine Freundin oder auf deine Familie?
43. Was hat schon mal eine Freundin für dich getan, das du ihr hoch anrechnest?
44. Hattest du schon einmal eine andere beste Freundin wie die im Moment?
45. Gibt es eine Freundin, die dich schon immer begleitet?
46. Hattest du schon einen Freund?
47. Gibt es Freunde, die weit weg wohnen?
48. Was verbindet dich mit deinen Freunden?
49. Hättest du gerne jemanden als Freundin, die du nicht dafür gewinnen kannst?
50. Welchen Stellenwert haben Freunde für dich?

74. Hast du schon einmal eine Freundin verloren?
75. Wolltest oder hast du von dir aus schon einmal eine Freundschaft beendet?
76. Erinnerst du dich an Freunde von früher?
78. Wie geht es dir in diesem Augenblick?
79. Beschreibe dich selbst!

94. Hättest du gerne weitere Freundschaften?

➢ Familie

13. Welche Bedeutung haben deine Eltern für dich?
14. Wie verstehst du dich mit deinen Geschwistern?
16. Was bräuchte deine Familie noch, um glücklicher zu werden?
17. Was wünschst du dir von deiner Familie?
18. Welche Familie könntest du dir als Vorbild nehmen?
19. Welchen Stellenwert haben Geschwister für dich?
20. Möchtest du später eine eigenen Familie?
21. Möchtest du in der Zukunft eigene Kinder?

51. Welches Familienereignis hat dir am besten gefallen?
52. Feiert ihr Familienfeste?
53. Hast du häufig Kontakt mit deinen Großeltern?
54. Ist deine Familie manchmal belastend für dich?
55. Welche Farbe verbindest du mit deiner Familie?

57. Mit wem aus deiner Familie redest du am meisten?
58. Erzählen dir deine Eltern viele Geschichten aus der Zeit, als du noch klein warst?
59. Bist du zufrieden mit deiner Familie?

80. Mit wem aus deiner Familie unternimmst du die meiste Zeit etwas?
81. Was hat sich in deiner Familie zum Besseren verändert?
82. Worauf freust du dich mit deiner Familie immer?
83. Was würdest du einmal anderes machen als die Erwachsenen, die du kennst?

95. Nenne ein Familienfest, das dir besonders in Erinnerung blieb?
96. Hast du eine große Familie?
97. Was würdest du gerne über deine Eltern wissen?

➢ Kindergarten

22. Wie hast du dich an deinem ersten Schultag gefühlt?
23. Weißt du noch, was du zur Kindergartenzeit von der Schule erwartet hast?
24. Mochtest du deine Erzieherinnen im Kindergarten?
25. Weißt du noch die Namen aller Erzieherinnen?
26. Hast du dich im Kindergarten wohl gefühlt?
27. Gab es im Kindergarten interessante Aufgaben und Spiele?
28. Mal einen Gesichtsausdruck an die Tafel, der deine Stimmung von damals wiedergibt!

30. Kennst du noch Spiele, die du im Kindergarten gerne gespielt hast?
31. Wer hat dich immer vom Kindergarten abgeholt?
32. Wie habt ihr deinen Geburtstag im Kindergarten gefeiert?

60. Kannst du dich an einen bestimmten Ausflug erinnern, der dir im Kindergarten viel Spaß machte?
62. Mit wem warst du im Kindergarten immer zusammen?
63. Warst du zum Spielen oft draußen?
64. Wo bist du in den Kindergarten gegangen?
65. Kannst du dich noch an die Vorschule erinnern?
66. Bist du gerne in deinen Kindergarten gegangen?
67. Zeige mir einen Gesichtsausdruck, den du im Kindergarten meistens hattest!

84. Wer waren im Kindergarten die wichtigsten Bezugspersonen?
85. Was hast du alles im Kindergarten gemacht?
86. Wie viele Jahre hast du den Kindergarten besucht?
87. Welche Erfahrungen hast du mit den Erzieherinnen im Kindergarten gemacht?
88. In welcher „Ecke" warst du im Kindergarten am liebsten?

98. Waren deine damaligen Freunde im selben Kindergarten wie du selbst?
99. Wie geht es dir gerade in diesem Augenblick?
100. Geschafft! Wie war dein Leben bisher?

➢ Schule – Beruf – Zukunft

33. Wie fühlst du dich meistens, wenn du die Schule betrittst?
34. Nenne einen positiven und einen negativen Aspekt der Schule!
35. Ist die Schule eine Bereicherung für dich?
36. Welchen Abschluss möchtest du erreichen?

38. Welches Berufsziel hast du dir gesetzt?
39. Sind für dich die Noten das Wichtigste in der Schule?
40. Ist Schule wichtig für den Kontakt mit anderen?
41. Würdest du gerne eine andere Schule oder eine andere Schulart besuchen?

68. Hat dir die Grundschule besser gefallen?
69. Welche Berufschancen siehst du für dich?

71. Was gefällt dir in der Schule?
72. Magst du deine Lehrer?
73. Verstehst du dich mit deinen Mitschülern?

89. An was wirst du später beim Thema Schule zurück denken?

91. Welchen Berufswunsch hast du?
92. Wie geht es dir in deiner Klassengemeinschaft?

➢ **Zirkuläre Fragen**

6. Was glaubst du hat die Person, zwei Sitze rechts von dir, für eine Meinung über dich?

11. Wie glaubst du, fühlt sich gerade die Person links von dir?

15. Was denkt die Person – ihres Gesichtsausdruckes zufolge – von unserem Spiel?

29. Was denkst du, wie deiner linken Banknachbarin – nach ihrem Gesichtsausdruck – der Kindergarten gefallen hat?

37. Welchen Beruf, meinst du, möchte deine linke Nachbarin erreichen?

56. Wie glaubst du, geht es deiner rechten Nachbarin?

61. Welchen Gesichtsausdruck hat die dritte Person links von dir?

70. Wie glaubst du, fühlt sich die Person – dem Gesichtsausdruck oder der Körperhaltung zufolge – rechts von dir?

77. Was glaubst du, denkt die Person rechts von dir im Moment?

90. Welche Mimik kannst du an deiner Banknachbarin feststellen?

93. Was denkst du über die Person gegenüber von dir?

B) Liste der ersteigerten Werte und Haltungen

- Respekt
- Intelligenz
- Verständnis
- Menschlichkeit
- Engagement
- Mut
- Hilfsbereitschaft
- Höflichkeit
- Ehrlichkeit
- Treue
- Geduld
- Zu seinen Freunden stehen
- Beruflicher Erfolg
- Freundlichkeit
- Einfühlungsvermögen
- Glück
- Zufriedenheit

- Ausgeglichenheit
- Selbstständigkeit
- Reife
- Verantwortungsbewusstsein
- Ehrgeiz
- Kreativität
- Veränderungsbereitschaft
- Bekanntheit
- Lustig sein
- Wichtig sein
- Auffällig sein
- Reich sein
- Gut gelaunt sein
- Gut gekleidet sein
- Angesehene Freunde haben
- Für Jungs attraktiv sein
- Modern sein

C) Schülerinnenfragebogen

vorgelegt von Michaela Baierl
im Rahmen einer wissenschaftlichen Arbeit
an der Fachhochschule Regensburg
Fachbereich Sozialwesen

Fragebogen

Evaluation der Biografiearbeit mit der Mädchengruppe der G6

Hallo liebe Schülerin,

du bekommst nun wie angekündigt diesen Fragebogen, damit ich überprüfen kann, **wie das Projekt „Lebensbuch" bei dir angekommen ist** und was es für dich bewirkt hat. Wir wollen sehen, ob und welche Antwort du auf die Frage „Wer bin ich?" gefunden hast.

Ich bitte dich darum den Fragebogen **offen zu beantworten** und ihn, wenn du fertig bist, bei mir abzugeben.

Und so geht's:
Dafür brauchst du bei *Teil I* des Fragebogens nur ein Kreuz in einem Kästchen machen. Hier ein Beispiel:

Ich mag Schokolade!
Wenn diese Behauptung für dich zutrifft und du sehr gerne Schokolade isst, dann machst du dein Kreuz auf dem Feld „Stimmt".

❏Stimmt
❏Stimmt nicht

Magst du keine Schokolade, machst du dein Kreuz bei „Stimmt nicht".

Im *Teil II* findest du dann Fragen zu denen du selber etwas schreiben sollst. Dabei kannst du keine Fehler machen, nur deine eigene Meinung ist gefragt.

Deine Antworten sind **völlig anonym**, d.h. keiner weiß, wer welchen Fragebogen beantwortet hat und niemand sieht einen anderen Fragebogen als seinen eigenen.

Für das Ausfüllen kannst du dir soviel Zeit nehmen, wie du möchtest!
Vielen Dank für deine Mitarbeit!!

Über dich:

Wie alt bist du? _____   Geschlecht: ☐ ☐
                                                                                                                               w   m

In welche Klasse gehst du? _____

Hast du Geschwister?   ☐   ☐
                                       ja   nein
Wenn ja, wie alt sind sie? _____
                                                                 _____
                                                                 _____
                                                                 _____

In welcher Familie lebst du?

- ☐ bei meiner alleinerziehenden Mutter
- ☐ bei meinem alleinerziehenden Vater
- ☐ bei meinen leiblichen Eltern
- ☐ bei meiner Mutter und meinem Stiefvater
- ☐ bei meinem Vater und meiner Stiefmutter
- ☐ in einer Pflegefamilie
- ☐ bei Adoptiveltern
- ☐ weder noch

Teil I:

Wie mir das Lebensbuch gefallen hat:

1. Ich hatte Spaß daran von mir zu erzählen.

   ☐ Stimmt
   ☐ Stimmt nicht

2. Das Lebensbuch sollte noch weitergehen.

   ☐ Stimmt
   ☐ Stimmt nicht

3. Mein Lebensbuch stellte ich anderen Menschen vor (z.B. Freunden, Geschwistern, Eltern...).

   ☐ Stimmt
   ☐ Stimmt nicht

4. Das Lebensbuch würde ich auch Freunden empfehlen.

   ☐ Stimmt
   ☐ Stimmt nicht

5. Die Arbeit am Lebensbuch war spannend.

   ☐ Stimmt
   ☐ Stimmt nicht

Was mir das Lebensbuch gebracht hat:

1. **Mein Lebensbuch hat mir dabei geholfen neue Seiten an mir zu entdecken.**

   ☐ Stimmt
   ☐ Stimmt nicht

2. **Ich habe meinen Eltern Fragen über mein Leben gestellt.**

   ☐ Stimmt
   ☐ Stimmt nicht

3. **Durch das Erstellen des Buches wurden Erinnerungen geweckt.**

   ☐ Stimmt
   ☐ Stimmt nicht

4. **Ich weiß nicht so recht, was mir das Lebensbuch bringen sollte.**

   ☐ Stimmt
   ☐ Stimmt nicht

5. **Traurige Dinge in meiner Vergangenheit lernte ich aus einem anderen Blickwinkel zu betrachten.**

   ☐ Stimmt
   ☐ Stimmt nicht

6. **Die Erinnerungen durch das Lebensbuch haben mich gefühlsmäßig berührt.**

   ☐ Stimmt
   ☐ Stimmt nicht

Über die Leiterin des Lebensbuches:

1. Ich konnte alles erzählen, was ich erzählen wollte.

   ❏ Stimmt
   ❏ Stimmt nicht

2. Die Leiterin interessierte sich für mich.

   ❏ Stimmt
   ❏ Stimmt nicht

3. Meine Meinung war wichtig.

   ❏ Stimmt
   ❏ Stimmt nicht

4. Die Leiterin erklärte alles so, dass es für mich verständlich war.

   ❏ Stimmt
   ❏ Stimmt nicht

5. Die Spiele mit der Leiterin waren langweilig.

   ❏ Stimmt
   ❏ Stimmt nicht

6. Ich hatte eine positive Beziehung zu meiner Leiterin.

   ❏ Stimmt
   ❏ Stimmt nicht

Wie ich mich momentan selber sehe:

1. **Ich habe einen Plan für meine Zukunft!**

   ☐ Stimmt
   ☐ Stimmt nicht

2. **Ich weiß über meine Vergangenheit Bescheid!**

   ☐ Stimmt
   ☐ Stimmt nicht

3. **Ich kann mich anhand von Eigenschaften beschreiben.**

   ☐ Stimmt
   ☐ Stimmt nicht

4. **Es lohnt sich, dass ich mich anstrenge.**

   ☐ Stimmt
   ☐ Stimmt nicht

5. **Alle bisherigen Erfahrungen hatten etwas Positives.**

   ☐ Stimmt
   ☐ Stimmt nicht

Wie zufrieden ich mit mir selbst bin:

1. **Ich bekomme Anerkennung für Geleistetes.**

☐ Stimmt
☐ Stimmt nicht

2. **Wenn ich Probleme habe, weiß ich, zu wem ich gehe.**

☐ Stimmt
☐ Stimmt nicht

3. **In meinem Leben ist mir etwas unklar.**

☐ Stimmt
☐ Stimmt nicht

4. **Ich möchte vieles in meiner Lebensgeschichte einfach löschen.**

☐ Stimmt
☐ Stimmt nicht

5. **Ich mag vieles an mir.**

☐ Stimmt
☐ Stimmt nicht

6. **Mit den Leistungen, die ich erbringe, bin ich zufrieden.**

☐ Stimmt
☐ Stimmt nicht

Teil II:

1. Was hat dir an dem Projekt „Das Lebensbuch" gefallen? _____
   _____
   _____
   _____
   _____
   _____
   _____
   _____

2. Was würdest du an diesem Projekt ändern? (z.B. an der Zeit, am Ort, an der Gruppe oder den Mitschülern, an der Lehrerin, mehr selber basteln, mehr erzählen, mehr künstlerisch darstellen, usw.) _____
   _____
   _____
   _____
   _____
   _____
   _____
   _____
   _____

Vielen Dank für deine Bemühungen!!

7 Literaturverzeichnis

Affeldt, M.: Erlebnisorientierte psychologische Gruppenarbeit zur Begleitung von Jugendlichen in ihrer Entwicklung. Hamburg: Verlag Dr. Kovac, 1991.

Antonovsky, A.: Salutogenese. Zur Entmystifizierung der Gesundheit. Tübingen: dgvt-Verlag, 1997.

Bayerisches Staatsministerium für Arbeit und Sozialordnung, Familie und Frauen (Hrsg.): Renges, A.; Lerch-Wolfrum, G.: Handbuch zur Jugendsozialarbeit an Schulen in Bayern. Gemeinsam geht's besser. Zusammenarbeit von Schule und Jugendhilfe. Aufgaben, Strukturen und Kooperationsfelder. München: 2004.

Bayerisches Staatsministerium für Arbeit und Sozialordnung, Familie und Frauen; Bayerisches Staatsministerium für Unterricht und Kultus (Hrsg.): Gemeinsam geht's besser. Zusammenarbeit von Schule und Jugendhilfe. Ratgeber. München: 2000.

Behnken, I.; Zinnecker, J. (Hrsg.): Kinder- Kindheit- Lebensgeschichte. Ein Handbuch. Sellze Velber: Kallmeyersche Verlagshandlung, 2001.

Buchholz-Graf, W.: Theorien der Sozialen Arbeit. Unveröffentlichtes Vorlesungsskript. Fachhochschule Regensburg, Wintersemester 2006/2007.

Erikson, E.H.: Identität und Lebenszyklus. Frankfurt am Main: Suhrkamp Taschenbuch Wissenschaft, 1966.

Ernst, H.: Ein neuer Blick auf das eigene Leben. In: Psychologie heute. Weinheim: Julius Beltz GmbH und Co. KG Weinheim, Juni 2002.

Gudjons, H.; Pieper, M.; Wagner, B.: Auf meinen Spuren. Das Entdecken der eigenen Lebensgeschichte. Vorschläge und Übungen für pädagogische Arbeit und Selbsterfahrung. Hamburg: 1996.

Holtappels,H.-G.; Klieme E.; Rauschenbach, T.; Stecher, L. (Hrsg.): Ganztagsschule in Deutschland. Ergebnisse der Ausgangserhebung der „Studie zur Entwicklung von Ganztagsschulen" (StEG). Berlin: Juventa, 2007.

Kast, V.: Trotz allem Ich. Gefühle des Selbstwerts und der Erfahrung der Identität. Freiburg, Basel und Wien: Herder, 2003.

Lindmeier, Ch.: Biografiearbeit mit geistig behinderten Menschen. Ein Praxisbuch für Einzel- und Gruppenarbeit. Unter Mitarbeit von Daniel Gruber, Bettina Lindmeier, Petra Schürmann und Angelika Trilling. 2. Auflage. Weinheim und München: Juventa Verlag, 2006.

Keupp, H. (2004): Sich selber finden – Erziehungsberatung in einer Gesellschaft des Umbruch. Vortrag im Rahmen der Jubiläumsveranstaltung der Beratungsstelle Düsseldorf- Eller am 09.09.2005.

Keupp, H. (2006): Auf dem Weg nach dem Selbst: Der Psychoboom und seine Folgen. Vortrag bei der Tagung „Design für die Seele. Was können Psychotherapie und Lebenshilfe leisten?" der Evangelischen Akademie zu Berlin am 15.09.2006

Klingenberger, H.: Lebensmutig. Vergangenes erinnern. Gegenwärtiges entdecken. Künftiges entwerfen. München: Don Bosco Verlag, 2003.

Peucker, Ch.; Deutsches Jugendinstitut: Aspekte der Betreuungslandschaft für Schulkinder – Vortrag in Nürnberg am 28.03.2007.

Ruhe, H.-G.: Methoden der Biografiearbeit. Lebensspuren entdecken und verstehen. 3. Auflage. Weinheim und München: Juventa Verlag, 2007.

Ryan, T.; Walker, R.: Wo gehöre ich hin? Biografiearbeit mit Kindern und Jugendlichen. Unter Mitarbeit von Ann Atwell, Maureen Hitcham, Jean Lovie, Gerrilyn Smith und Irmela Wiemann. 2. neuausgestattete und erweiterte Auflage. Weinheim, Basel und Berlin: Beltz Verlag, 2003.

Schmidt-Grunert, M.: Soziale Arbeit mit Gruppen. Eine Einführung. Freiburg im Breisgau: Lambertus, 1997.

Weinberger, S.: Klientenzentrierte Gesprächsführung. Lern- und Praxisanleitung für Personen in psychosozialen Berufen. 9. vollständig überarbeitete Auflage. Weinheim und München: Juventa Verlag, 2004.

Vopel, K.W.: Ich bin, woran ich mich erinnere. Autobiografisches Erzählen in Gruppen. Salzhausen: Iskopress, 2005

Internetadressen

Bayerisches Staatsministerium für Arbeit und Sozialordnung, Familie und Frauen: Kinder- und Jugendhilfe, Jugendsozialarbeit an Schulen.
http://www.stmas.bayern.de/familie/jugendhilfe/sozialarbeit.htm, 25.06.2007

Bayerisches Staatsministerium für Unterricht und Kultus: Zeit für dich. Ganztägige Förderung und Betreuung an Schulen. Information für Eltern und Schüler.
http://www.km.bayern.de/km/schule/ganztagsschule, 08.07.2007

Deutsches Institut für Internationale Pädagogische Forschung: Pressekonferenz der „Studie zur Entwicklung von Ganztagschulen" (StEG).
http://www.projekt-steg.de/, 27.04.2007

Gesellschaft für Innovative Marktforschung mbH: Delphi Studie, Future Values. Auszüge. Heidelberg, Oktober 2001.
http://www.lrz-muenchen.de/~Reflexive_Sozialpsychologie/Keupp/wertewandel.ppt, 04.07.2007

Institut für berufliche Bildung und Weiterbildung e.V.: Fortbildungskonzeption zur Umsetzung des Regelförderprogramms JAS – Jugendsozialarbeit an Schulen. Veröffentlicht im Allgemeinen Ministerialblatt Nr. 8/2003. Göttingen, 2003.
http://www.blja.bayern.de/Aufgaben/Jugendschutz/Jugendsozialarbeit/JAS_FobiKonzeption.pdf, 06.07.2007

Institut für Schulentwicklungsforschung an der Universität Dortmund (IFS): Studie zur Entwicklung von Ganztagsschulen- Ergebnisse der Ausgangserhebung. Pressekonferenz des Forschungskonsortiums und des Bundesministerium für Bildung und Forschung (BMBF). Berlin: 19.März.2007.
http://www.ifs-dortmund.de/files/Projekte/STEG/Pr%C3%A4sentation.pdf, 10.07.2007

Lattschar, B.: Biografiearbeit. Was ist Biografiearbeit? Zur Methode. Einsatzmöglickeiten.
http://www.birgit-lattschar.de/seiten/biog_arbeit.htm, 30.05.2007

Maywald, J.; ArbeitsGemeinschaft für Sozialberatung und Psychotherapie AGSP: Eine Brücke in die Zukunft bauen. Biografiearbeit – Unterstützung für Kinder mit traumatischen Trennungserfahrungen. 2004.
http://www.agsp.de/html/a51.html, 30.05.2007

Keupp, H.: Sich selber finden – Erziehungsberatung in einer Gesellschaft des Umbruch. Vortrag im Rahmen der Jubiläumsveranstaltung der Beratungsstelle Düsseldorf- Eller am 09.09.2005.
http://www.ipp-muenchen.de/texte/keupp_duesseldorf.pdf, 22.06.2007

Keupp, H.: Auf dem Weg nach dem Selbst: Der Psychoboom und seine Folgen. Vortrag bei der Tagung „Design für die Seele. Was können Psychotherapie und Lebenshilfe leisten?" der Evangelischen Akademie zu Berlin am 15.09.2006
http://www.eaberlin.de/eaberlin/bilder/Tg._19-06_Keupp.pdf , 09.07.2007

Staatsinstitut für Schulqualität und Bildungsforschung München: Ganztagsklassen an Grund- und Hauptschulen.
http://www.isb.bayern.de/isb/download.asp?DownloadFileID=894160a9ad8d7b345f5dc5be053d5dbf, 26.06.2007

Wiemann, I.: Biografiearbeit mit Kinder und Jugendlichen
http://www.irmelawiemann.de/seiten/grundkurs.htm, 30.05.2007